KB265155

삼색 영성

지성, 감성, 영성의 만남

삼색 영성

지은이| 장경철, 전병욱, 강준민
초판발행| 2005. 9. 14
7쇄발행| 2009. 3. 13
등록번호| 제 3-203호
등록된 곳| 서울시 용산구 서빙고동 95번지
발행처| 사단법인 두란노서원
영업부| 2078-3333 FAX 080-749-3705
출판부| 2078-3477
인쇄처| 아트프린팅

삼색 영성

지성, 감성, 영성의 만남

| 장경철 · 전병욱 · 강준민 지음 |

두란노

| c o n t e n t s |

4부 지성, 감성, 영성의 대화

지성과의 만남

| 장경철 |

1 "지식에서 자라가라"

우리는 하나님이 주신 '정신(지성)'이라는 독특한 기능을 통해서 시간과 공간을 확장시키고 연장시킬 수 있는 축복을 받았습니다.

우리가 처음 세상에 태어났을 때, 우리는 세상도 모르고 나도 모르는 존재였습니다. 그러면 어떻게 나를 알고 세상을 인식하게 되었습니까? 책을 보고 배운 것일까요? 아니지요. 우리는 온몸으로 이 세계와 부딪치면서 세상을 알아갑니다. 시간과 공간과 물체와 부딪치면서, 만남을 통해 그 부딪힘의 흔적들을 내 안에 새기는 것입니다. 그리고 그 흔적이 쌓이면서 나도 알고 세상도 알아가게 되는 것입니다.

지성은 시간과 공간을 확장시키킵니다

삶이란 '남의 흔적을 받아서 나의 흔적을 남기는 것'이라고 할 수 있습니다. 이것이 삶의 과정입니다. 만남이라고 하는 것도 모두 이 흔적을 주고받는 과정입니다.

학교에서 가르치는 강의 중에 '영화와 세계관' 과목이 있습니다. 매주 영화를 보고 그것에 대해 토론하는 과목인데 우리가 다루는 영화 가운데 〈죽은 시인의 사회〉라는 영화가 있습니다. 웰튼이라는 기숙사형 중고등학교에 모교 출신인 존 키팅 선생님이 영어 교사로 새롭게 부임하면서 이야기가 시작됩니다. 이곳 학생들은 원래 라틴어나 외우고 수학이나 잘해서 좋은 대학에만 가면 그만이라고 생각하는, 입시에 찌든 학생들입니다. 그런데 새로 온 키팅 선생님은 학생들의 마음 가운데 도전과 열정, 새로운 자극을 줍니다.

키팅 선생님은 첫 수업 시간에 들어와서 '카르페 디엠(*Carpe Diem*)'이라는 단어를 소개합니다. "현재의 삶을 붙들라"는 뜻입니다. 그 다음 시간에는 월터 휘트먼의 시를 소개합니다. "인생이란 한 편의 활기 찬 연극이 진행되는 것이며, 너 또한 한 편의 시가 되는 것이다. 네 인생은 어떠한 시에 기여하기를 원하느냐?" 이런 식으로 그는 학생들이 참다운

우리는 온몸으로 이 세계와 부딪치면서 세상을 알아갑니다. 시간과 공간과 물체와 부딪치면서, 만남을 통해 그 부딪힘의 흔적들을 내 안에 새기는 것입니다. 그리고 그 흔적이 쌓이면서 나도 알고 세상도 알아가게 되는 것입니다.

인생에 눈을 뜨게 해 줍니다. 저는 이 영화를 보면서 키팅 선생님은 영화 속 학생들의 스승일 뿐만 아니라 저 자신의 스승이기도 하다는 생각을 합니다. 꼭 만나야 만난 것이 아니지 않습니까?

누군가를 안다, 만난다 하는 것이 무엇일까를 생각해 보면 상대방이 내게 남긴 삶의 흔적이 살아 있는 것만큼 내가 그를 알고 만난 것이 아닐까라는 생각이 듭니다. 우리가 예수님을 만나는 것도 마찬가지겠지요? 그분이 내게 남긴 삶의 아름다운 모습, 내게 주신 말씀들, 그런 것들이 순간순간 기억이 나고, 중요한 결정의 순간에 내 삶의 나침반 역할을 한다면 그만큼 나는 그분을 아는 것입니다.

따라서 우리가 '무언가를 안다', '누군가를 만난다'고 하는 것은 단순히 같은 시간과 같은 공간에서만 이루어지는 것은 아닙니다. 우리는 하나님이 주신 '정신(지성)'이라고 하는 독특한 기능을 통해서 시간과 공간을 확장시키고 연장시킬 수 있는 축복을 받았습니다. 그래서 더 많은 것들을 받아들이기 위해 이 지성을 어떻게 잘 연마할 수 있을까 하는 관점에서 다음의 내용들을 살펴보았으면 좋겠습니다.

2 지성을 계발하기 위한 훈련

세계와 내가 접촉하는 문, 지성

지성이라는 것은 지각한 것을 정리하고 통일하여 새로운 인식을 낳게 하는 정신 작용을 말합니다. 넓은 의미에서는 직관, 오성 따위의 지적 능력까지 포함합니다. 지성이 지각된 것을 정리하는 작용이기에 감각이 매우 중요한 문제로 부각됩니다. 왜냐면 감각을 통해 세상을 지각하기 때문입니다.

우리는 모두 문을 통해 건물 안에 들어갑니다. 정상적인 사람이라면 창문이나 지붕이나 바닥을 통해 들어가지 않고 문을 통해 들어갑니다.

마찬가지로 세계도 우리 안에 들어올 때 그냥 들어오는 게 아니라 반드시 문을 통해서 들어옵니다. 감각의 문이라고도 하는 시각의 문, 청각의 문, 촉각의 문, 후각의 문, 미각의 문, 이 다섯 가지 문을 통해서 말입니다. 이 문들 외에는 다른 문이 없습니다. 우리가 지성을 잘 계발하기 위해서는 이 문으로 들어오는 재료들을 잘 받아들이는 훈련이 필요합니다.

감각을 새롭게 – 감각의 수준이 지성의 수준

우리의 경험을 새롭게

우리의 감각은 세계와 접촉하는 문입니다. 이 문을 통해서 세상과의 만남이 이루어지는 것입니다. 따라서 먼저 감각을 새롭게 하는 훈련이 필요합니다. 우리의 위가 음식을 섭취하고 소화시키는 것처럼 우리의 감각들도 정보를 섭취합니다. 하지만 인간의 정신은 위와는 달리 시도 때도 없이 정보들을 받아들입니다. 그리고 음식이 몸의 일부를 구성하듯이 정보들은 우리의 생각과 정신을 구성합니다.

정보의 형태로 들어오는 세계는 우리 안에 흔적을 남기고, 우리는 남겨진 세계의 흔적, 세계의 흐름, 세계의 구조를 파악하기 시작합니다. 본다는 것은 시각을 통해서 세상을 영접하는 행위입니다. 듣는다는 것은 청각을 통해서 세상을 영접하는 것입니다. 이 감각을 어떻게 새롭게 할 수 있을 것인가가 지성을 계발하는 데 중요한 질문이 되어야 하겠습니다.

이런 생각을 해 본 적이 있는지 모르겠습니다. '나는 참 착하고 선한 사람인데 마음에 안 드는 일들을 너무 많이 보고 들었다.' 하지만 이런 생각은 참이 아닐 가능성이 높습니다. 오늘까지 내가 보고 들어온 것들이 나의 지성과 인격을 형성시켜 왔다고 보는 것이 옳습니다. 오늘까지 내가 보고 들어온 것들이 내 시신경 세포를 만들어 온 것입니다. 실은 내가 그 정도의 사람이기 때문에 그것밖에 못 볼 가능성이 높습니다.

이것은 일종의 순환입니다. 행복한 사람은 좋은 것을 보면서 좋은 사람이 되고 그래서 보는 것마다 좋아지는 선순환이 되고, 행복하지 않은 사람들은 반대로 악순환이 됩니다. 선순환은 돌고 돌면서 자라고 열매를 맺어 풍성한 수확을 주는 순환입니다. 반면 악순환은 돌긴 도는데 아무 열매도 맺지 못하고 사람을 초라하고 메마르게 만드는 순환이라 할 수 있습니다.

경청: 듣는 자는 살아납니다 – 잘 듣는 훈련

감각을 새롭게 하려면 먼저는 잘 듣는 훈련을 해야 합니다. 스티븐 코비가 쓴 「성공하는 사람들의 일곱 가지 습관」을 보면 성공하는 사람들의 특징 중 하나가 경청하는 것입니다. 자기 이야기를 하기에 앞서 상대방의 이야기를 잘 듣는다는 것입니다. 그런데 대부분 우리는 건성으로 듣고, 들으면서도 자기가 말할 차례만 기다리는 경우가 많습니다.

이처럼 제대로 듣는다는 것은 쉬운 일이 아닙니다. 예술입니다. 우리가 제대로 들으려면 상대방이 말하는 내용의 흐름을 잘 쫓아가야 합니다. 대개 사람들은 1분에 100단어 정도를 말하거나 듣는다고 합니다. 그러나 사람이 생각하는 속도는 1분에 400단어를 처리할 수 있을 만큼 빠르다고 합니다. 무슨 뜻입니까? 3/4은 딴 생각하면서 1/4만 주의를 기울여도 얼마든지 남의 얘기를 들을 수 있다는 것입니다. 그러나 우리가 정말 제대로 듣기 원한다면 1/4은 상대방이 말하는 단어를 들으면서 3/4은 생각을 해야 됩니다. 이 이야기가 어디에서 와서 어디로 흘러가는가 하고 말입니다. 이렇게 듣는 훈련이 되어 있는 사람만이 단어가 아니라 단어 안에 담겨 있는 의미와 단어를 통해서 전달되는 흐름을 보고 들을 수 있습니다.

“오직 나를 듣는 자는 안연히 살며 재앙의 두려움이 없이 평안하리라”(잠 1:33).

“교만에서는 다툼만 일어날 뿐이라 권면을 듣는 자는 지혜가 있느니라”(잠 13:10).

예수님도 듣는 것의 중요성을 말씀하셨습니다. “진실로 진실로 너희에게 이르노니 죽은 자들이 하나님의 아들의 음성을 들을 때가 오나니 곧 이 때라 듣는 자는 살아나리라”(요 5:25).

듣는 자는 살아납니다.

보이지 않는 세계까지 포착한다 – 잘 보고 읽어 내는 훈련

두 번째는 잘 보는 훈련을 해야 합니다. 이것은 대단히 중요합니다. 우리가 볼 수 있는 것은 빛이 있기 때문입니다. 따라서 잘 보기 위해서는 이 빛을 받아들여야 합니다. 하나님의 시선에서 오는 빛으로 나를 보게 될 때 나의 귀함을 알게 되고 다른 사람의 귀함도 알게 되는 것입니다.

잘 보는 훈련은 자연스럽게 읽기 훈련으로 이어집니다. 우리는 세상을 보면서, 좋은 책을 읽으면서 세계 속에서 일어나는 사건들을 읽는 훈련도 해야 합니다. 보는 것과 읽는 것의 차이가 무엇입니까? 보는 것이 눈에 보이는 세계를 있는 그대로 받아들이는 것이라면, 읽는 것은 그것을 통해서 눈에 보이지 않는 세계까지 포착해 내는 능력입니다. 보는 것은 눈에 들어오는 것만 인식하고 그것이 전부라고 생각하지만 읽는 것은 눈에 보이지 않는 뒷면까지 알아내는 것입니다. 많이 보면 그 다음이 보입니다. 많이 보면 속이 보입니다. 많이 보면 그것이 평면이 아니라 입체라는 것을 알게 됩니다. 그것이 점이 아니라 선이며 흐름이라는 것을 조금씩 조금씩 알게 됩니다.

들리면 존재하고 보이면 가까이 있습니다

보는 것과 듣는 것에 관련해서 우리가 한번 살펴볼 것이 있습니다. 우리에게 들린다는 것은 어딘가 존재한다는 것이고 보이면 가까이 있다는 것입니다. 귀뚜라미 소리건 동전 떨어지는 소리건 휴대폰 소리건 들리면 뭔가가 있다는 것입니다. 그리고 보이면 대단히 가까이 있습니다. 나에게 나쁜 것이 많이 보이면 내 가까이에 나쁜 것이 있다는 것입니다.

화를 잘 내는 사람들의 문제는 인내력의 부족이라기보다 그들의 시선에 문제가 있을 가능성이 높습니다. 화내는 사람은 열 받는 것만 골라서 보는 경향이 있습니다. 그리고 남이 잘 못하는 것에 가까이 있습니다. 그러니 당연히 화가 나는 것입니다. 화를 내지 않으려면 좋게 보이는 것이 많아야 합니다. 시선이 달라져야 하는 것입니다.

존재하는 모든 것을 받아들이십시오 – 그외 감각의 훈련

시각과 청각의 문 외에도 좋은 미각과 후각과 촉각을 훈련시키는 것도 언제나 중요합니다. 이런 것들은 사실 느낌의 영역입니다. 시각과 청각은 명료한 것을 받아들이는 능력인 반면 나머지 것들은 형태가 있지는 않지만, 명료하지는 않은, 그러나 존재하는 것들을 받아들이는 능력입니다. 살아 있는 사람들은 외적인 감각뿐 아니라 내적인 감각에서도 살아 있습니다. 그들은 주변의 아름다운 세계를 보며 그 시를 읽습니다. 그들은 새 날의 향기를 맡으며 순간의 맛을 음미합니다.

생각을 새롭게 – 질문하고, 반성하고, 생각하고, 상상하기

두 번째, 우리가 지성을 계발하려면 질문하고 반성하고 생각하는 훈련을 해야 합니다. 그리고 인간 이성의 최고 경지인 상상력을 새롭게 해야 합니다.

질문하는 훈련: 질문은 지식을 안겨 줍니다

먼저, 우리는 질문하는 사람이 되어야 합니다. 노만 루이스의 *Word*

Power Made Easy 라는 책이 있습니다. 저자가 단어 어근이라든지 기타 단어의 뜻을 설명하면서 중간 중간에 재미있는 얘기를 섞어 놓았습니다. 저자는 말하길, 여태까지 살면서 자신에게 가장 많은 지식을 안겨 준 도구는 박사 학위가 아니라 네 단어였답니다. "I do not know."("제가 잘 모르고 있는데 설명해 주시겠어요?") 저자의 이 말이 지금까지도 제게 인상적으로 남아 있습니다.

우리는 질문하기를 두려워해서는 안 됩니다. 하나님은 해답을 주시기 전에 먼저 질문부터 주십니다. 질문은 무감각한 정신을 스펀지같이 만들어 주는 역할을 합니다. 질문은 착각에서 벗어날 수 있는 해방의 통로이기도 합니다. 지각(知覺)의 반대는 무감각과 착각입니다. 질문 중심의 학습, 이것은 지성의 계발에 매우 중요합니다.

저는 바울이 위대한 신앙인이 된 까닭이 질문을 잘했기 때문이라고 믿습니다. 사도행전을 보면 그가 다메섹 도상에서 부활하신 예수님을 만나는 사건이 나옵니다. 예수님이 그에게 나타나 이렇게 말씀하시죠.

"사울아 사울아 네가 어찌하여 나를 핍박하느냐 가시채를 뒷발질하기가 네게 고생이니라"(행 26:14).

바울에게는 그 만남이 은혜의 끝이 아니라 시작이었습니다. 그가 어떻게 시작했습니까? 자신에게 찾아오신 예수님을 놓치지 않고 붙들며 질문을 던졌습니다. 바울은 모르는 것을 계속 물었습니다. "주여 뉘시니이까"(행 22:8). "주님, 누구십니까?" 바울은 예수님께 이렇게 질문했습니다.

질문을 하면 하나님께서 반드시 응답해 주십니다. 사도행전 22장 10

절에서도 또 질문을 합니다. "내가 가로되 주여 무엇을 하리이까?" 그 때, 주님이 대답해 주십니다. "주께서 이르시되 일어나 다메섹으로 들어가라 네가 해야 할 모든 것을 거기서 누가 이르리라."

우리도 이런 질문을 할 수 있어야 합니다. "주님 누구시니이까?" "주님 무엇을 하리이까?" 이 시간 이후로 바울은 주님께 이끌림을 받게 됩니다. 자기가 똑똑하다고 생각했을 때는 자기 멋대로 하는 사람이었는데 질문을 할 줄 알고 이끌림받는 능력을 얻은 것입니다.

잠언에도 보면 이런 말씀이 있습니다. "사람이 마음으로 자기의 길을 계획할지라도 그 걸음을 인도하는(이끄는) 자는 여호와시니라"(잠 16:9). 이 말씀대로 똑똑한 사람이 성공하는 것이 아니라 이끌림을 받는 능력을 가진 사람이 성공합니다. 우리가 모든 것을 다 알 수는 없습니다. 이끌림을 받는 능력이 있어야 합니다.

그러면 하나님의 인도를 받기 위해서는 어떻게 해야 합니까? 하나님께 질문을 드려야 합니다. 하나님께 무엇을 해야 할지 여쭈어야 합니다. 질문을 잘하면 그 다음부터는 하나님께서 이끌어 주시는 것입니다.

반성하는 훈련: 되새기고 정리하기

둘째, 반성하고 성찰하는 시간을 가져야 합니다. 생각에는 두 가지가 있다고 합니다. 하나는 일어난 일에 대해서 되새겨 보는 것(reflection)으로 성찰 또는 반성입니다. 다른 하나는 작은 생각들을 모아서 큰 것으로 통합할 줄 아는 생각입니다. 사변 또는 사색(speculation)이라고 할 수 있겠죠. 먼저는 반성하고 성찰할 수 있어야 합니다.

헤겔의 유명한 말이 있습니다. "미네르바의 올빼미는 석양에 날기 시작한다." 무슨 말입니까? '미네르바의 올빼미' 즉 지성 또는 지혜라고 하는 것은 사후(事後)에 일어나는 행동이라는 것입니다. '석양'은 모든 일이 다 끝난 상태를 의미합니다. 온갖 사건과 전투, 전쟁은 모두 낮에 일어납니다. 그 폐허 위를 지혜의 올빼미가 날면서 어떤 일이 일어났는가를 헤아린다는 뜻입니다. 그것이 지성의 역할입니다. 사건들이 펼쳐지고 난 후, 그 일어난 일들을 정리할 줄 아는 사람에게 지혜의 올빼미가 찾아오는 법입니다.

학교 다닐 때 반성문 써 보신 적 있으시지요? 참 아쉬운 것은 이 반성문을 꼭 잘못한 사람한테만 쓰게 한다는 것입니다. 잘못한 사람은 격려해 주고, 잘하는 사람한테 반성문을 쓰게 하면 좋을 텐데 말입니다. 잘하는 사람을 더 잘할 수 있게 하는 것이 이 반성과 성찰이 아닌가 생각합니다. 우리의 지성을 계발하는 데는 생각하는 것, 특히 일어난 일에 대해 되새기는 것만큼 좋은 것이 없습니다.

존 파월은 자기 반성과 성찰에 대해 이런 말을 했습니다.

"참으로 살아 있는 사람들은 정신에 있어서도 살아 있다. 그들은 '반성하지 않는 삶은 살 가치가 없다'는 소크라테스의 말 속에 담긴 지혜의 의미를 잘 알고 있다. 참으로 살아 있는 사람들은 사려 깊은 사람들이며 성찰하는 사람들이다. 그들은 삶에 대해 올바른 질문을 던질 줄 알며, 때로는 삶이 자신에게 질문을 던지도록 허락하는 여유를 가지고 있다. 그들은 반성하지 않는 세계 속에서 반성하지 않는 삶을 살기를 거부한다."

생각하는 훈련: 보고 들은 것 연결하기

셋째, 생각을 훈련해야 합니다. 생각한다는 것은 보고 들은 것을 연결시키는 것입니다. "연결하라. 기적을 체험할 것이다." 아리스토텔레스가 한 말입니다. 더 큰 생각으로 나아가는 훈련을 통해 생각을 펼치는 사람이 되라는 말입니다. 작은 생각을 펼쳐서 큰 생각이 되도록 노력하면 철학하는 즐거움을 맛볼 수 있습니다. 제대로 전개되는 생각은 우주의 질서를 정신의 스크린에 반영하는 것입니다.

이 세상이라고 하는 것, 우리 눈에 보이는 것들은 모두 흔적이라고 합니다. 흔적은 조각들의 자취입니다. 내 눈에 들어오는 세상이 진짜같이 보이지만 사실은 잘게 부서진 조각들로 들어오는 것입니다. 역사를 보더라도 시간과 공간 안에서 한 존재가 남긴 흔적만 내 눈에 들어오지 않습니까? 인생은 모두 조각밖에 없기 때문에 제정신으로 보면 아무 의미가 없는 것입니다. 그렇다면 어떻게 해야 합니까? 군대에서 총기 분해조립

> 생각한다는 것은 보고 들은 것을 연결시키는 것입니다. "연결하라. 기적을 체험할 것이다." 아리스토텔레스가 한 말입니다. 더 큰 생각으로 나아가는 훈련을 통해 생각을 펼치는 사람이 되라는 말입니다.

시간에 배운 대로 '조립은 분해의 역순' 입니다. 세상이 분해되어서 들어오면 세상의 진정한 모습을 알기 위해서는 이걸 조립하면 되는 것입니다. 이 조립의 능력이 우리 안에 있습니다. 바로 생각하는 능력입니다.

새가 나뭇가지에 앉으면 이 가지 저 가지 왔다 갔다 하면서 포물선을 그려 냅니다. 하지만 이것은 눈이 보는 게 아닙니다. 하나님도 단순히 하나님이 아니라 하나님의 운동, 하나님이 일하시는 흐름이 있습니다. 이것은 눈이 아니라 생각으로 깨달아지는 것입니다.

감기라는 것도 단순히 콧물 나고 기침 나고 하는 것만이 아닙니다. 감기를 앓는 사람만이 감기를 아는 것입니다. 마찬가지로 하나님을 앓는 사람만이 하나님을 아는 것입니다. 역사의 흐름 속에서 한 자리를 차지하고 자기 역할을 감당하는 사람만이 역사를 아는 것입니다. 하나님의 역사가 있고 하나님의 사건이 있고 하나님의 흐름이 있는데 하나님이 우리의 정신을 거룩하게 하셔서 우리가 그것을 경험할 수 있는 것입니다. 이렇게 연결시키는 능력, 모으는 능력, 반영시키는 능력이 우리에게 필요합니다.

우리의 위는 음식에 대해서 배고플 때는 만족하지만 세 번 이상 먹으면 질려 합니다. 그러나 정신은 지식에 대해서 그렇지 않습니다. 많이 알고 그 기쁨을 누릴수록 더욱 더 기쁨을 추구하게 됩니다. 이제 그만 됐다고 하는 순간은 오지 않는 것입니다.

손봉호 교수님이 쓴 수필에 이런 얘기가 있습니다. "재앙은 짝을 지어서 달려든다. 홍수가 나면 전염병이 돌고, 가뭄이 오면 기근이 있다. 정신적 차원도 마찬가지다. 무식과 교만은 짝을 지어서 다가온다. 무식한 사람이 교만하며, 교만하면 남의 말을 듣지 않으므로 더 무식해진다. 겸손과 지혜도 짝을 지어서 다가온다. 겸손한 사람이 지혜로워지며, 지혜로운 사람은 더 겸손해진다." 더 많이 알수록 사람이 더 겸손해진다는 것입니다.

예전에 책 읽기에 대해 강연한 적이 있습니다. 그랬더니 어떤 분이 이런 질문을 합니다. "왜 공부를 해야 하는지 한마디로 말해 달라"는 것입니다. 이 질문에 어떻게 한마디로 답을 할 수 있겠습니까? 옛날에 어떤 유명한 조각가가 있었는데 이 사람은 주로 머리 없는 조각상을 만들었습니다. 한번은 박물관 앞에 세울 멋진 조각을 하나 완성했는데 기자들이 그 의미를 물으러 몰려왔습니다. 그리고 당신 조각을 한마디로 좀 설명해 줄 수 있겠느냐고 질문을 던졌습니다. 그랬더니 조각가가 이렇게 대답하더랍니다. "이거 보시오. 내가 한마디로 설명할 수 있으면 한마디로 하고 끝내지 이거 뭐 하러 만들었겠소?" 일리 있는 말입니다.

하여튼 질문을 받았고 대답은 해야 하니까 제가 이렇게 대답했습니다. "공부를 안 하면 저주를 받게 되기 때문입니다." 저주라니 도대체 어떤 저주를 받는다는 것입니까? '알던 사람 알다가, 쓰던 물건 쓰다가 죽는 저주'를 받게 됩니다. 공부를 하게 되면 나의 범위를 넘어서는 만남들을 축복으로 받게 됩니다. 그래서 좋은 영향을 받고 또 좋은 영향력을 끼칠 수 있게 됩니다.

생각하고 공부하는 것은 분해된 세계를 다시 조립하는 것입니다. 믿음까지 있는 사람들이라면 그냥 조립이 아니라 세계를 회복시키고 인격을 변화시키고 역사를 뒤바꾸는 일까지 할 수 있습니다. 이 세상의 시간과 공간 안에서 창조되는 모든 것들은 우선적으로 그것을 그려 보고 꿈꿔 본 사람의 지성 안에서 먼저 창조됩니다. 생각하는 훈련을 통해 세상을 반영하는 능력뿐 아니라 다가 올 세상을 미리 창조 해 내는 축복도 받기를 바랍니다.

상상하는 훈련

넷째, 상상력을 길러야 합니다. 사무엘 콜리지는 "상상력이란 인간의 이성이 최고도에 도달한 상태이다"고 말합니다. 상상은 이성과 반대되는 개념이 아니라 이성이 가장 기분 좋을 때, 주어진 자료들을 연결하는 것을 넘어서서 그것을 최고로 아름답게 창공에 펼칠 때의 모습이라는 것입니다.

상상은 평면 속에서 입체를 그려 내는 능력입니다. 상상의 눈은 묻힌 것을 발굴하며, 뒤에 찾아올 것을 그려 보는 능력을 갖고 있습니다. 그리스도인들은 상상력을 성화시킴으로써 땅 가운데 있는 하늘의 흔적을 찾아낼 수 있습니다. 예수님의 눈이 가서 닿는 모든 곳이 다 하늘을 향해 불타오르고 있었듯이 말입니다.

로마서 4장 17절 이하를 보면 아브라함의 신앙이 이렇게 묘사되어 있습니다. "그의 믿은 바 하나님은 죽은 자를 살리시며 없는 것을 있는 것같이 부르시는 이시니라." 하나님은 어떤 하나님이시냐, 죽은 자를 살리고 없는 것을 있는 것으로 부르시는 분입니다. 하나님이 생명 없는 존재를 생명 있는 존재로 부르셨다는 것입니다. 이런 하나님, 즉 없는 것을 있는 것같이 부르시는 하나님을 좇아가는 사람에게 적합한 신앙의 자세가 무엇입니까? 없는 것을 있는 것같이 그려 보는 사람이 되는 것입니다. 이렇게 상상력을 사용할 때 하나님께 상응하는 자세가 나오는 것입니다.

A.W. 토저는 '성화된 상상의 가치' 에 대해서 다음과 같이 말했습니다.

"신앙의 영역에서 정화된 상상이 갖는 가치는 자연의 사물 속에서 영적인 것의 그림자를 볼 수 있는 그 힘에서 찾을 수 있다. 이 같은 상상을 통해 신앙심 깊은 사람은 모래 한 알에서도 전 세계를 보며 한 시간 안에서 영원을 들여다본다.

그 옛날 바리새인들의 약점은 상상이 결여되었다는 바로 그 사실에 있다. 그들은 상상이 신앙의 영역에 들어오는 것을 허용하지 않았다. 경전을 읽을 때에도 이미 잘 포장된 신학적 정의를 통해서만 읽었기 때문에 그 이상을 볼 수 없었다. "강가에 핀 앵초꽃 하나, 그 노란 앵초가 그의 시선을 사로잡았고, 그때부터 그 강에는 다른 아무것도 보이지 않게 되었다네."

그리스도께서 놀라운 영적 감화력과 도덕적 감수성으로 등장하셨을 때 바리새인들은 그가 새로운 종교를 들고 나왔다고 생각하였다. 사실그러했다. 바리새인들이 경전의 몸뚱어리밖에 볼 수 없었을 때 그리스도는 그 경전의 혼을 꿰뚫어 보셨다. 그래서 그들은 율법의 문자와 전통적 해석에 의존해서만 그리스도가 틀렸다고 주장할 수 있었던 것이다.

나는 이제 새로운 창조의 아들들 사이에서 지금껏 묶여 있던 상상이 풀려 나와 제자리를 찾기를 갈망한다. 내가 말하는 이 상상은 볼 수 있는 성스러운 은사, 가리운 베일 너머 거룩하고 영원한 아름다움과 신비를 꿰뚫어 볼 수 있는 능력이다.

원리를 찾아 삶을 새롭게 – 다양함에서 법칙 발견하기

셋째, 지성을 계발발하려면 다양한 경우들을 보고 들으며 반성하고 생각하는 가운데, 원리와 법칙에 대한 미각을 훈련해야 합니다.

원리가 무엇입니까? 원리란 시간과 공간에 관계없이 적용되는 어떤 공리들을 의미합니다. 어쩌다 한 번 일어나는 일들은 원리가 되지 않습니다. 그러나 반복적으로 일어나는 일들 속에는 원리가 숨 쉬고 있습니다. 반복적 경우들 속에 원리가 있습니다. 여호와 하나님은 우주 만물을 창조하신 하나님이십니다. 하나님이 우주를 창조하셨음은 우주를 구성하는 법칙을 창조하셨다는 것을 의미합니다. 인간을 창조하셨다는 것은 인간을 구성하는 자연 법칙들을 창조하셨다는 것입니다.

하나님이 해와 달과 별을 창조하셨다고 할 때 목성이나 토성은 빼놓고 창조하셨다는 말이 아닙니다. 하나님이 창세기 기자에게 다 이야기하셨는데, 창세기 기자가 못 알아들어서 다 쓰지 못한 것입니다. 그때는 그것밖에 못 봤거든요. 그러니까 하나님이 해, 달, 별을 창조하셨다는 것은 천체를 구성하는 법칙들을 창조하셨다는 것으로 이해해야 합니다.

건강한 신앙생활은 원리와 법칙 중심의 신앙생활입니다. 원리와 법칙은 인과관계의 탐구를 통해서 얻어집니다. 원인과 결과의 관계를 잘 보면 이론이 생기고 원리가 생기고 법칙이 생긴다는 것입니다. 우리는 많은 경우에 결과로 얻어야 될 것을 목표로 추구하는 잘못을 범합니다. 열매 맺기를 바란다면 씨앗을 뿌리고 돌보아야 합니다. 그냥 열매가 하늘에서 떨어지기를 기대할 수는 없는 것입니다. 우리는 자신이 내보내지 않은 배가 돌아오기를 바라면서 항구에 앉아 있어서는 안 됩니다.

축복에도 법칙이 있습니다. 하나님이 어떤 사람에게 복을 내리십니까? 또 어떻게 복을 주십니까? 아브라함에게도 복을 주시고 다윗에게도 복을 주셨는데, 어떻게 복을 주시는지 봤더니 대체로 그들이 만나는 사람들을 먼저 잘되게 하시고 그들을 통해서 복을 주시더라는 것입니다. 이것은 사람이나 사건에 관계없이, 시대에 관계없이 다 적용됩니다. 그렇다면 이 법칙은 오늘날의 우리에게도 동일하게 적용됩니다. 우리가 만나는 사람들을 먼저 잘되게 하시고 그 사람을 통해서 복을 내리신다는 것입니다.

따라서 우리가 잘되기를 원하면 어떻게 해야 됩니까? 좋은 일에 대한 원인을 찾고 배워서 그것을 투입하고 기다리면 됩니다. 마찬가지로 어떤 일이 싫고 없어졌으면 좋겠다는 생각을 한다면 먼저 원인을 잘 찾아서 그것을 제거하면 됩니다. 이것이 원리와 법칙 중심의 신앙생활입니다.

우리가 잘되기를 원하면 어떻게 해야 됩니까? 좋은 일에 대한 원인을 찾고 배워서 그것을 투입하고 기다리면 됩니다. 마찬가지로 어떤 일이 싫고 없어졌으면 좋겠다는 생각을 한다면 먼저 원인을 잘 찾아서 그것을 제거하면 됩니다. 이것이 원리와 법칙 중심의 신앙생활입니다.

이런 것을 잘 알려면 어떻게 해야 됩니까? 어쩌다 한번 벌어지는 일에 대해서는 너무 신경 쓰지 말아야 합니다. 대신 자주 반복적으로 일어나는 일에 주목해야 합니다. 영어에 'ass'라고 하는 말이 있습니다. 당나귀를 지칭하는데 속어로 쓰일 때는 '바보, 멍청이'라는 뜻으로 쓰입니다. 그래서 미국에 이런 말이 있습니다. "누가 당신더러 ass라고 하거든 너무 신경 쓰지 마십시오. 그 사람 언어가 너무 험해서 그런 거니까 그냥 넘어가십시오. 또 다른 누군가가 ass라고 말하거든 그냥 잊어버리십시오. 하지만 혹 세 번째 사람이 당신에게 ass라고 그러거든 그때는 시장에 가서 말안장을 사서 매십시오. 당신이 당나귀일 가능성이 대단히 높기 때문입니다."

좋은 일이건 안 좋은 일이건 어쩌다 벌어지는 일은 그냥 감사하고 잊어버리면 됩니다. 그러나 그 일이 또다시 생기거나 자주 생긴다면 그냥 넘어가면 안 됩니다. 그럴 때는 지성을 발동시켜서 무엇이 원인인지 찾은 뒤 좋은 일이면 원인을 계속 투입하고 나쁜 일이면 원인을 제거하는 그러한 훈련을 해야 하는 것입니다.

언어를 새롭게 – 언어 사랑하기

우리가 지성을 잘 훈련하려면 또한 언어를 사랑하는 사람이 되어야 합니다. 언어의 힘과 아름다움을 느끼게 될 때 우리는 세계를 더 잘 파악하고 이해하는 사람이 될 수 있습니다. "언어는 존재의 집이며 사유의 통로가 된다." 하이데거의 유명한 말입니다. 아무리 신비하고 놀라운 것일지라도 언어화되지 않으면 그것은 보존할 수도, 전달될 수도 없습니다.

모든 사람들은 자신 안에 깊은 우물 같은 심오한 생각을 담고 있습니다. 하지만 많은 사람들에겐 언어의 두레박이 없습니다. 그 때문에 깊은 사유의 우물물을 길어 내지 못하는 것입니다. 강의나 세미나 등을 통해 우리는 새로운 것을 얻는 것이 아닙니다. 이미 체험했던 것에 대한 언어를 선물로 받을 뿐입니다.

운동을 생각해 보십시오. 처음에는 내가 운동하는 것 같지만 운동이 운동하는 선수들을 쓰는 것입니다. 운동은 선수들을 고용함으로써 자신을 전개합니다. 그래서 운동 선수들이 바뀌어도 운동은 스스로 전개됩니다. 언어의 경우도 마찬가지입니다. 언어가 선행적으로 존재하고 있다가 말을 잘 듣는 사람, 남의 얘기 잘 듣기 시작하는 사람이 있으면 그 사람을 쓰는 것입니다. 그에게 자기 말을 주는 것입니다. 단어를 주며, 문장을 주며, 표현을 허락합니다. 그 언어가 그 사람 안에 머물게 합니다. 숙성시킵니다. 가서 그것을 전달하는 사람이 되게 합니다.

의미나 계시도 역시 마찬가지입니다. 그러니까 재능이 이기는 것이 아니라 성실이 이기는 것입니다. 업적이 이기는 것이 아니라 사랑이 이기는 것입니다. 그 언어와 의미의 매력에 빠져드는 사람이 이기는 것입니다. 그것 자체를 사랑해야 됩니다. 불순한 동기는 장수하지 못합니다. 그 자체만 순전히 사랑하는 사람이 상대방의 반응이나 즉각적인 결실에 관계없이 먼 길을 끝까지 오르는 것입니다. 그러므로 언어 자체를 사랑해 보십시오. 그러면 언어를 통해 지성을 더욱 훈련시키고 자라게

할 수 있습니다.

언어는 경험의 보존에 중요한 역할을 담당합니다. 경험하는 것이 모두 보존되는 것은 아닙니다. 우리가 여러 가지 일들을 경험한다고 해도 이름을 붙이거나 언어화하지 않으면 모두 망각의 늪으로 사라지고 맙니다. 만약 제가 당신에게 이렇게 말한다고 해봅시다. "여기 올 때 강변북로로 왔는데 잘 오다가 한남대교에서부터 막혔습니다." 그러면 저는 다른 곳도 지나 왔지만 이렇게 얘기했기 때문에 그 경험만 살아남은 것입니다.

행복한 사람은 행복한 순간을 경험만 하는 사람이 아니라 행복한 순간을 언어화하는 데 능한 사람입니다. 불행한 사람도 행복한 순간을 많이 경험합니다. 그러나 그것을 언어화하지는 않습니다. 우울하게 살려면 나름대로 노력을 많이 해야 합니다. 이런 사람은 햇살이 맑은 날은 하늘을 쳐다보면 안 됩니다. 빨리 아래를 봐야 합니다. 계속 우울하게 살려면 '아, 햇살이 아름답네' 라고 얘기해서도 안 됩니다. 언어로 표현하면 나의 생각 속에 그 경험이 남기 때문입니다. 언어화하는 것만 보존됩니다.

더 나아가 언어화된 것만 전달이 가능합니다. 우리의 느낌은 상대방에게 잘 전달되지 않습니다. 그것이 언어화될 때라야 다른 사람에게 전달될 수 있습니다.

결혼하는 방법이 있습니

다. 대부분 잘못 알고 있는 사실이 한 가지 있는데 사람들은 흔히 사랑해야 결혼을 한다고 생각합니다. 저는 사랑은 무지 많이 했지만 결혼 못한 사람들을 여럿 알고 있습니다. 좀 이상하게 들릴지 몰라도 사랑해야 결혼하는 게 아닙니다. 두 분이 서로 너무 사랑해서 이 사람이 아니면 안 된다고 하면서 결혼했을 수도 있지만 솔직히 다른 여자를 더 사랑했을 가능성이 대단히 높습니다. 그런데 결혼한 분들은 어떡하다가 지금의 아내랑 결혼하게 된 것입니다. 이 '어떡하다가' 가 중요합니다. 사랑 아무리 많이 해도 이 '어떡하다가' 가 없으면, 결혼을 못합니다. 사랑하지 않았는데도 '어떡하다가' 가 된 사람은 결혼합니다.

부부들이 어떡하다가 결혼했냐면 서로를 만나 마음에 들었을 뿐 아니라 그 마음을 언어로 고백했기 때문입니다. 좋은 느낌, 애타는 사랑의 마음 이런 것은 비를 만들지 못하는 구름 같아서, 시간만 지나면 다 없어지고 맙니다. 아무 소용이 없는 것입니다. 언어화되는 것만 전달됩니다.

간혹 직장에서도 섭섭한 마음이 있을 수 있습니다. 사람이기 때문에 좋지 않거나 불편한 감정이 생길 수 있습니다. 그렇다고 이런 것을 말로 표현하는 것은 지혜롭지 않을 수 있습니다. 자칫 문제가 커질 수 있기 때문입니다. 하지만 누구를 좋아하는 마음은 표현해야 됩니다. 다른 사람의 장점도 표현해 주어야 합니다. "당신, 참 잘한다. 그 정도면 훌륭하다." "내가 너를 참 좋게 생각하고 있다." 이렇게 언어화되는 것만 전달이 가능합니다.

제가 아는 목사님이 한 분 계십니다. 이분이 성경 공부를 인도하면 항상 많은 사람들이 모였다고 합니다. 한 번은 성경 공부에 참석한 어떤 권사님이, 초등학교도 안 나오신 권사님인데 이런 칭찬을 해 주시더라는 것입니다. "목사님의 설교가 너무 좋아요. 다른 목사님 설교도 좋은데, 다른 설교들은 시냇물에서 물을 떠다 주시는 것 같고, 목사님 설교를 들으면 깊은 우물물에서 길어 주시는 것 같아요." 참 멋있는 표현 아닙니까? 그래서 제가 그분께 말했습니다. "목사님도 대단하지만 그 권사님은 더 대단하십니다. 어떻게 그렇게 멋진 표현을 하실 수 있습니까?" 언어란 깊은 체험을 길어 내는 두레박과 같습니다.

우리는 모두 다 독특한 경험들을 가지고 있습니다. 그것이 가슴 아픈 것일 수도 있고, 은혜로운 것일 수도 있습니다. 우리는 모두 수십억 인구 가운데 아무도 못해 본 체험을 가지고 있습니다. 다만 언어의 두레박이 없기 때문에 아직 길어 내지 못하고 있는 것뿐입니다. 우리가 책을 읽고 강의를 듣고 하는 것도 다른 사람의 두레박을 통해서 내 안에 있는 것들을 끄집어내려는 노력입니다.

그래서 우리의 언어는 하나님의 은혜에 상응하는 언어여야 합니다. 하나님은 그 은혜를 펼치길 원하십니다. 당신 안에 있는 귀한 생각들을 많이 적어 두십시오. 일기에도 적고 편지로도 써 보십시오. 자녀들에게 가보(家寶)로 물려준다고 생각하고 적어 두십시오. 아이들이나 배우자한테 잔소리하는 대신 아름다운 언어들을 사용해 봅시다. 이제 이렇게 소중한 언어에 관심을 가지는 방법 몇 가지를 살펴보겠습니다.

단어를 사랑하십시오

첫째는 단어를 사랑하는 것입니다. 쉬운 단어부터 읽기 시작하면서 그 뜻을 정의해 보는 것입니다. 화학자들은 수십 개의 원소 표를 통해 세계의 모든 물질들을 표현합니다. 우리도 쉬운 단어들을 사용해서 여러 가지 사건들을 표현할 수 있습니다. 모든 것은 그 이름을 불러 줄 때 비로소 내게 의미 있는 대상이 됩니다. 이름을 알지 못하면 그냥 사라지는 몸짓에 불과합니다.

저는 꽃을 하나 봐도 이제는 이름이 알고 싶어집니다. 옛날에는 그냥 예쁘다고만 생각했는데 말이죠. 이 세상에는 우리가 알고 있는 것보다 훨씬 더 많은 손님들이 있습니다. 이 손님들의 이름을 알아야 하지 않겠습니까? 학문이라는 것도 이 이름들을 기억하고 불러 주면서 관계가 발전해 나가는 것입니다. 호기심이 생기고 경의가 생기고, 만나고 싶은 마음으로 질문과 대답이 이어질 때 사귐이 깊어지는 것입니다.

이렇게 단어를 사랑하고 그 단어에 대해서 정의하면서 나의 말로 정의해 볼 줄 알아야 합니다. 사전의 뜻은 원래 존재했다기보다 누군가 이름을 갖다 붙인 것이기 때문입니다. 이런 연습을 해 보면 참 재미있습니다. 쉬운 단어로 자꾸 자꾸 설명해 보는 것입니다. 믿음이 무엇인지, 은혜가 무엇인지, 나의 말로 나의 표현으로 설명해 보는 것입니다.

범주(category)를 정해서 사물과 세계를 파악하려고 노력해 보십시오. 범주란 인간의 정신 속에 형성되는 서랍과 같습니다. 모은 자료들을 그냥 자루 속에 넣어 두기보다 서랍에다 차곡차곡 정돈한다면 세계의 구조를 더 잘 파악할 수 있습니다. 우리는 각종 생물들을 분류하고 그들에게 적합한 이름을 지어 주었던 아담의 후손입니다.

"여호와 하나님이 흙으로 각종 들짐승과 공중의 각종 새를 지으시고 아담이 어떻게 이름을 짓나 보시려고 그것들을 그에게로 이끌어 이르시니 아담이 각 생물을 일컫는 바가 곧 그 이름이라 아담이 모든 육축과 공중의 새와 들의 모든 짐승에게 이름을 주니라"(창 2:19-20).

자주 만나는 단어를 익히십시오

어떤 단어들을 익혀야 합니까? 먼저 내 귀에 자주 들리는 단어들을 기록해 보십시오. 쉬운 단어들 같지만 실은 그 의미를 잘 모르는 것이 많을 것입니다. 예를 들어, '있음이란 무엇이며 없음이란 무엇인가?' '존재란 무엇인가? 존재와 현존, 부재의 차이는 무엇인가?' 이렇게 질문해 보는 것입니다. 사실 어려운 낱말들은 정의하기가 비교적 쉽습니다. 왜냐하면 쉬운 말들에 의해서 설명될 수 있기 때문입니다. 그러나 쉬운 낱말은 정의하기가 어렵습니다. 그보다 더 쉬운 말이 존재하지 않기 때문입니다. 그래서 쉬운 말들을 자꾸 정의하려고 애쓰다 보면 우리 정신의 근육이 튼튼해지는 것을 경험하게 됩니다. 여기서 생각하는 힘이 길러집니다.

예전에 막내아이가 저한테 오더니 "아빠, '만약'이 뭐예요?" 하고 묻습니다. 어른들이 쓰는 것을 어디서 들었나 봅니다. 그런데 이것을 대답해 주려니 참 어려웠습니다. 어려운 말은 풀어 주면 되는데, '만약'을 뭐라고 설명해 줍니까? '만약'도 모르는 애한테 무슨 말로 설명을 하나 고민하다가 이런 이야기를 했습니다. "애야, 만약에 아빠가 대답을 안 해 주면 어떡할래?" 그랬더니 아빠를 미워할 거랍니다. 그래서 "만약에 눈이 오면 어떡할래?" 했더니 눈사람을 만들겠다고 합니다. 그리고 "만약에 할머니 댁에 놀러 가면 어떨까?” 그랬더니 기분이 좋을 거라고 합니다. 이런 식으로 만약이 들어가는 문장을 주르르 얘기했더니 더 이상 만약의 뜻을 묻지 않았습니다.

또 한번은 아이가 어린이집 다닐 때였는데 밤늦게까지 안 자고 있는 것입니다. 그래서 “너, 피곤한데 빨리 자라. 안 그러면 내일 못 일어나잖아. 어린이집 못 가면 친구들이랑 못 놀지? 그러니까 빨리 자” 하면서 간신히 설득시켜서 방에 들여보냈습니다. 그런데 잠이 안 오는지 뒤척이다가 이렇게 외치는 것입니다. “엄마도 자야 돼. 엄마도 피곤하단 말이야! 다 마찬가지야!” 그래서 제가 들어가서 “너 ‘마찬가지’가 무슨 뜻인지 알아?” 했더니 이렇게 대답하는 것입니다. “다 똑같다고요.” 제가 또 물었습니다. “그러면 똑같다는 것은 무슨 뜻이니?” 그때 아이가 이렇게 답했습니다. “이 색깔하고 저 색깔하고 똑같다고요.” 저는 그때 우리 아이가 사전을 보고 한국어를 배운 것이 아니라, 말의 쓰임새를 보고 한국말을 훌륭히 배워 왔음을 깨닫게 되었습니다.

이렇게 아이들은 그 쓰임새를 통해서 언어를 익히며 지성을 훈련해 나가고 있습니다. 사전을 봐서 안 게 아니라 말들의 쓰임새를 보고 그 뜻을 배우는 것입니다. 그러니까 비트겐슈타인의 유명한 말처럼 “언어의 의미는 따로 있는 것이 아니라 그 용법(use)에 있는 것”입니다. 한 단어가 무슨 뜻인지 아는 좋은 방법 중 하나는 이 단어가 쓰이는 문장이 무엇인가를 자꾸 생각해 보는 것입니다. 그런 것을 많이 해 보면 재미있고 유익할 뿐 아니라 생각의 근육이 튼튼해집니다.

단어를 공부하십시오

단어 중심의 공부는 성경을 공부할 때도 유익합니다. 성경을 볼 때 자주 나오는 단어들이 있습니다. 예를 들어, 하나님, 말씀, 은혜, 믿음과 같은 단어들입니다. 우리가 만일 이런 단어들에 익숙해진다면, 어떤 본문을 읽든지 상당히 많은 도움을 얻을 수 있습니다. 이렇게 단어 중심으로 성경을 공부하는 방식을 조직신학적인 방법이라고 합니다. 조직신학이 단어에 따라 구성된 것도 이런 이유에서입니다.

영어 공부 잘하는 분들이 이렇게 말씀하더군요. "영어를 읽을 때 사전을 너무 많이 찾지 말라." 단어 찾다가 시간 다 보내고 정작 영어에 대한 흥미는 잃어버릴 수가 있다고 합니다. 그러니 모르는 단어가 나와도 웬만하면 그냥 넘어가라는 것입니다. 기억도 못 하고 금방 잊어버릴 어려운 단어를 찾는 데 에너지를 쏟다 보면 막상 중요한 것은 놓치기 쉽다는 것입니다. 그럼 어떻게 해야 합니까? 계속 읽다 보면 자꾸 등장하는 단어들이 있습니다. 너무 자주 등장하기 때문에 안 찾기에는 미안한 그런 단어들입니다. 그때는 사전을 찾으라는 것입니다. 그런 단어는 시간을 내서, 할 수만 있으면 꼼꼼히 살펴서 그 뜻을 알아야 하는 것입니다.

성경 공부도 마찬가지입니다. 성경에 굉장히 자주 나오는 단어들, 천 번 이상 나오는 '하나님' 같은 단어, 그리고 믿음, 은혜, 말씀, 구속 이런 단어들을 30개 내지 50개 정도만 정해서 그 뜻을 생각해 보면 어떤 말씀을 보든지 30~50%는 접고 들어가는 공부가 될 수 있습니다.

유통 훈련 – 유통하면 내 것이 됩니다

지성을 계발하기 위한 다섯 번째 방법은 내게 찾아 온 단어들, 생각들, 감각 자료들을 활용하는 것입니다. 제가 잘 쓰는 표현을 빌자면 유통하는 것입니다. 사실 듣거나 보거나 배우기만 한 것은 아직 나의 것이 아닙니다. 나를 통해서 유통된 것만이 나의 것이 될 수 있습니다. 잘 몰랐던 것들도 표현을 통해서 내 정신의 일부가 될 수 있습니다.

청교도들은 하나님의 영광을 사랑했던 사람들입니다. 그들은 자신들이 체험했던 영광을 표현하려고 노력하다가 더 큰 복을 누리게 되었습니다. "예수를 너희가 보지 못하였으나 사랑하는도다 이제도 보지 못하나 믿고 말할 수 없는 영광스러운 즐거움으로 기뻐하니"(벧전 1:8).

이들이 왜 그렇게 놀라운 축복을 누릴 수 있었을까요? 먼저 그 목적이 순수했습니다. 공리적인 이유로, 다시 말해 하나님 믿으면 어떤 유익이 있기 때문에 하나님을 믿은 게 아니었습니다. 이들은 하나님의 영광 자체를 기뻐하고 사랑했습니다. 그리고 또 하나, 말할 수 없는 하나님의 영광을 표현하려고 노력했습니다. 이 부분이 중요합니다. 말로 다 표현할 수 없지만 너무 좋으니까 말하려고 했고, 내 지식으로 다 담을 수 없지만 너무 사랑하니까 그것을 정리하려고 애쓴 것입니다.

이 땅이 하나님 나라는 아니지만 하나님 나라가 너무 좋아서 그 반영이라도, 그림자라도 가져 올 수 없을까 노력했더니 좋은 정치 제도, 교육 제도, 사회 제도를 비슷하게나마 주시더라는 것입니다. 이것이 우리가 가야 할 길이 아닌가 싶습니다.

생산자가 아니라면 유통업자가 되십시오

그렇지만 만약 좋은 것을 유통하고 싶어도 좋은 생각이 나지 않을 경우에는 어떻게 해야 합니까?

우리 주변이나 선조들 가운데는 좋은 착상을 가졌던 분들이 많이 있습니다. 그들에게서 도움을 받으면 됩니다. 내가 생산자가 아닐 수는 있지만 좋은 유통자는 될 수 있습니다. 나의 진열장이 비어 있는 까닭은 나의 창고에 좋은 것들이 없기 때문입니다. 이제부터라도 다른 생산자나 유통자들로부터 좋은 내용을 받아서 보관하고, 유통하는 사람이 되면 됩니다. 이렇게 유통하는 사람이 될 때, 우리는 불필요한 열등의식으로부터 자유할 수 있습니다. 다른 사람들이 나보다 잘하는 것에 대해서 스트레스를 받지 않고, 오히려 잘하는 사람들을 더욱 높여 줄 수 있습니다.

예수님이 "선한 사람은 마음의 쌓은 선에서 선을 내고 악한 자는 그 쌓은 악에서 악을 내나니 이는 마음의 가득한 것을 입으로 말함이니라"(눅 6:45)고 말씀하신 것처럼, 사람은 그 속에 있는 것을 드러냅니다. 사람은 이렇게 자기의 진열장 속에 있는 것을 드러냅니다. 창고에 좋은 것이 없다면 진열장에도 좋은 것을 내놓을 수 없습니다. 그러므로 잘못하는 사람을 도와주려면 조언보다는 그 사람의 창고에 공급의 통로를 열어 주어야 합니다. 나의 창고에 좋은 것이 없으면 시간 싸움을 해야 합니다. 지

> 나의 진열장이 비어 있는 까닭은 나의 창고에 좋은 것들이 없기 때문입니다. 이제부터라도 다른 생산자나 유통자들로부터 좋은 내용을 받아서 보관하고, 유통하는 사람이 되면 됩니다. 이렇게 유통하는 사람이 될 때, 우리는 불필요한 열등의식으로부터 자유할 수 있습니다.

금 잘하려고 하지 말고 좋은 생산자를 만나서 차곡차곡 쌓는 일부터 시작해야 하는 것입니다.

제가 고백할 것이 있는데, 제 직업은 유통업입니다. 저는 일찍부터 내 안에 생산할 수 있는 능력이 없다는 것을 알았습니다. 그래서 이것을 깨달은 후 유통업에 종사하기로 하고 오늘까지 그렇게 지내고 있습니다. 학교에서 학생들을 가르칠 때는, 책 읽고 적어 두었다가 전달하는 지식 유통업이 제 직업입니다.

이렇게 제 은사는 좋은 이야기를 반복하여 읽고 전하는 것입니다. 저는 한번 읽었던 책을 다시 읽기를 즐겨합니다. 옛날에는 새 책 읽는 것을 좋아했는데 지금은 한 번 읽고 나서 계속 읽어야 할 책으로 판명되면 계속해서 읽습니다. 그 말들이 내 언어가 되어 나오기까지, 그 글들이 내 글이 되어 나올 때까지 계속 읽습니다. 생산자가 아닌 사람이 하기에 딱 좋은 일이 '계속해서 읽는 것' 입니다.

이로 인해 삶의 자세도 많이 좋아졌습니다. 옛날에는 잘하는 사람을 만나면 스트레스를 많이 받았습니다. 비교하니까 그렇게 될 수밖에 없었습니다. 그런데 유통업을 하면서 그런 것이 없어졌습니다. 잘 못하니까 오히려 잘하는 분들이 늘 필요합니다. 그래서 잘하는 사람을 보면 속으로 매우 기뻐합니다. 그리고 좋은 것들을 유통합니다. 유통에서는 활용이 중요합니다. 좋은 분한테 '받는 것' 도 중요하지만 활용하는 것도 매우 중요합니다.

무엇을 유통해야 합니까?

무엇을 유통해야 하는지 살펴본다면, 먼저 좋은 것들을 유통해야 합니다. 이 단계에서는 선악을 판단하는 것이 필요합니다. 나쁜 것들은 그냥 나만 듣고 잊어버리면 됩니다. 그리고 좋은 것들은 다시 흘려보내는 것입니다. 이것만 잘해도 이 세상에 있는 나쁜 얘기의 절반은 없앨 수 있습니다.

좋은 것들을 계속 반복적으로 표현하고 유통해 보십시오. 그러면 반복이 기적을 낳습니다. 나쁜 반복은 나쁜 기적을 낳지만, 좋은 반복은 좋은 기적을 낳을 것입니다. 다른 사람들이 잘하는 것을 기뻐하면서 그것을 유통하다 보면 그것을 기쁨으로 전달하는 사람도 생산자의 반열에 들 수 있습니다. 이렇게 유통은 소비와 생산 사이를 연결하는 절묘한 통로입니다.

지성도 하나님이 주십니다

끝으로 지성을 계발하기 위해서는 무엇보다도 하나님께 구하는 사람이 되어야 합니다. 우리는 훈련할 수 있지만, 궁극적으로 선물을 주시는 분은 하나님이십니다. 그러므로 우리 안에 모자란 것들을 하나님께 구할 줄 아는 사람이 되어야 합니다.

"너희 중에 누구든지 지혜가 부족하거든 모든 사람에게 후히 주시고 꾸짖지 아니하시는 하나님께 구하라 그리하면 주시리라 오직 믿음으로 구하고 조금도 의심하지 말라 의심하는 자는 마치 바람에 밀려 요동하는 바다 물결 같으니 이런 사람은 무엇이든지 주께 얻기를 생각하지 말라 두 마음을 품어 모든 일에 정함이 없는 자로다"(약 1:5-8).

3 지성의 활용

지성을 가진 인간에게는 하나님의 영광을 '반사' 하고 '고백' 해야 할 책임이 있습니다.

지성과 영성 –지성은 영성의 인도를 받아야 합니다

어떻게 지성을 활용할 것인가에 대해 살펴보겠습니다. 첫 번째는 지성과 영성의 관계입니다. 지성은 영성과 함께 있어야 하되, 영성의 인도를 받아야 합니다. 프린스턴 대학에 가면 도서관과 예배당이 나란히 있습니다. 그런데 예배당이 더 높이 올라가 있습니다. 두 건물 사이의 관계에 대해서 이러한 이야기가 전해져 옵니다. "도서관은 지성의 고향인 반면 예배당은 마음의 고향, 영혼의 고향입니다. 도서관과 예배당은 서로 나란히 있어야 하되, 도서관이 예배당보다 높이 있어서는 안 되는 것입니다."

지성과 영성은 함께 있어야 하며 지성이 영성보다 높이 있어서는 곤란하다는 것입니다. 우리의 지성은 영성을 겸비한, 다시 말해 하나님의 이끌림을 받는 도구가 되어야 합니다. 믿음의 사람은 언제나 이끌림을 받는 사람들이었습니다.

바울은 다메섹 도상에서 예수님을 만난 후 아나니아에게 이끌림을 받습니다. "사울이 땅에서 일어나 눈은 떴으나 아무것도 보지 못하고 사람의 손에 끌려 다메섹으로 들어가서 사흘 동안을 보지 못하고 식음을 전폐하니라"(행 9:8-9). 이 장면 외에는 등장하지 않는 무명의 사람에게 겸손히 이끌림을 받았습니다. 또한 그는 성령의 이끌림을 받았습니다. 그랬을 때 하나님은 바울의 지식까지도 사용하셨습니다. 이처럼 하나님의 이끌림을 받는 능력이 생길 때 그 동안 묻혀 있던 우리의 경험과 지식까지도 사용되는 것입니다. "사람이 마음으로 자기의 길을 계획할지라도 그 걸음을 인도하는 자는 여호와시니라"(잠 16:9).

지성과 덕(인성) – 지성과 사랑이 만나면 덕을 세웁니다

지성은 사람과 공동체를 세우는 데 쓰여야 합니다. 자신의 의지나 열심, 비전을 드러내는 지식은 관계를 파괴할 수도 있습니

> 지성은 영성과 함께 있어야 하되, 영성의 인도를 받아야 합니다. 지성이 영성보다 높이 있어서는 곤란하다는 것입니다. 우리의 지성은 영성을 겸비한, 다시 말해 하나님의 이끌림을 받는 도구가 되어야 합니다.

다. 바울은 고린도 교회를 향해 우리의 지식이 덕을 세워야 함을 강조하고 있습니다. "우상의 제물에 대하여는 우리가 다 지식이 있는 줄을 아나 지식은 교만하게 하며 사랑은 덕을 세우나니 만일 누구든지 무엇을 아는 줄로 생각하면 아직도 마땅히 알 것을 알지 못하는 것이요 또 누구든지 하나님을 사랑하면 이 사람은 하나님의 아시는 바 되었느니라"(고전 8:1-3).

지식은 교만하게 하며 사랑은 덕을 세웁니다. 교만은 하나님과 경쟁하는 죄입니다. 술주정뱅이들 사이에는 우정이 있어도 교만한 사람들 사이에서는 우정이 형성되지 않습니다. 그래서 지식으로 인해 교만의 노예가 되지 않도록 조심하라는 것입니다. 디트리히 본회퍼는 「신도의 공동생활」에서, 그리스도인의 사귐 속에 스며드는 위험에 대해서 다음과 같이 설명합니다.

그리스도인의 사귐이 송두리째 깨어져 나가는 까닭은 그 사귐이 무엇인가를 바라는 생각에서 솟아났기 때문입니다. 처음으로 공동생활에 뛰어든 그리스도인은 흔히 공동생활이 어떠해야 하느냐에 대해서 뚜렷한 생각을 가지고 들어와서 그것을 실현하기 위해 노력합니다.

그리스도인의 사귐 속에 들어오는 인간의 희망적인 꿈이야말로 참다운 사귐을 가로막는 것입니다. 그것은 부서져야 하는 것입니다.…그리스도인의 사귐보다도 사귐에 대한 자신의 꿈을 더 사랑하는 사람은, 본래 뜻하는 바가 정직하고 진지하고 희생적이라고 하더라도, 결국 그리스도인의 사귐을 파괴하는 사람이 되고 맙니다.

하나님은 꿈같은 생각을 미워하십니다. 그것은 사람을 교만하고 건방지게 만들기 때문입니다. 그리스도인의 사귐을 꿈으로 그려 보는 사람은 하나님이나 남이나 자신에게 자기의 꿈을 이루자고 요구합니다.

그는 요구하는 자로서 그리스도인의 사귐 속에 들어옵니다. 요구하는 자로서 그리스도인의 사귐 속에 들어가서 자신의 법을 세우고, 그것에 따라 형제뿐만 아니라 하나님도 심판합니다. 그래서 무엇이나 그의 뜻대로 되지 않으면, 그것을 실패라고 합니다. 그의 꿈이 부서지면 사귐은 깨어진 것으로 봅니다. 이리하여 그는 형제를 비난하다가 하나님을 비난하는 사람이 되고 나중에는 절망 가운데서 자신을 비난하는 사람이 됩니다. 하나님께서는 사귐을 위하여 이미 유일한 터를 놓아 주셨습니다. 우리가 사귐의 생활 속에 들어가기 훨씬 전에, 하나님께서는 이미 그리스도 안에서 한몸이 되도록 묶어 주셨습니다. 사귐 속에 들어갈 때는, 요구하는 자로 들어가는 것이 아니라, 감사하면서 받는 자로 들어가야 합니다. (본회퍼, 「신도의 공동생활」 중에서)

지성과 감성 –지성은 건강한 감성으로 온전해집니다

지성은 건강한 감성으로 온전해집니다. 지식은 사람을 차갑게 만들지만 감성은 사람을 따뜻하게 합니다. 지식은 거리의 인식입니다. 우리가 뭘 알려면 떨어져 있어야 합니다. 하나로 되어 있고 한몸이라면 알 수 없습니다. 산의 모양을 알려면 산속에 있으면 안 되고 산과 떨어져 있어야 합니다. 거리로는 떨어져 있어야 하고 온도로는 냉각을 시켜야 형태가 생깁니다. 액체나 젤 같은 모양은 형태를 알 수 없습니다. 이것은 불가피한 과정이기 때문에 원 상태에 끝까지 머물려 해서는 지식이 제대로 공헌할 수 없습니다.

사람이 차가워지면 지정의(知情意)가 따로 행동하게 되어 냉랭한 인격으로 바뀔 수 있습니다. 그렇게 되면 본인도 불행해지며, 주변도 불행해질 수 있습니다. 대부분 성공하는 사람들이 다른 사람들을 잘 이해하지 못하는 이유가 여기에 있습니다. 그들은 의지력이 강합니다. 험한 세파에서 살아남아야 하고 빈 몸뚱어리인 자신을 방어해야 하니까 좀 독한 면도 있습니다. 그러다 보니 종종 인격이 파괴되기도 합니다.

하지만 건강한 감성이 있다면 지식에 온기가 회복됩니다. 요셉은 시련을 통과한 사람이었으나 마음속에 눈물의 심성을 간직한 사람이었습니다. 그는 성공한 사람이었으나 인격이 파괴된 사람은 아니었습니다. 그는 형들로부터 버림받았지만 그 과정 속에서 눈물과 은혜로 그것을 풀어내는 능력이 있었습니다. 형들의 허물을 알고 있었으나 자신의 눈물로 그 모든 응어리를 용해시키는, 진정한 지성의 능력을 소유한 사람이었습니다. 그가 훌륭한 까닭은 총리여서라기 보다는 눈물을 아는 사람이었기 때문입니다. 지성은 감성으로 인해 온전해집니다.

이성(지성)과 열정 – 치우침 없는 균형이 중요합니다

지성은 열정과 균형적인 관계에 있어야 합니다. 사회철학자 아도르노는 이성에 대해서 이렇게 말하고 있습니다. "이성만이 자신의 한계를 규정하는 능력을 자신 안에 가지고 있다." 이것이 이성의 장점이자 이성의 공헌입니다. 감성과 열정도 중요하지만 이성이 빠진 열정은 자칫 광신주의나 열광주의로 빠질 수 있습니다. 라인홀드 니버의 「도덕적 인간과 비도덕적인 사회」의 마지막 부분에 이성과 열정에 대한 다음과 같은 말이 있습니다.

"…희망이 인간의 영혼 안에 숭고한 열정을 불러일으키지 않는다면, 정의는 실현될 수 없기 때문이다. 열정 이외의 어떤 것도 사악한 권력과 '공중의 권세 잡은 자'에 대항하여 전쟁을 치를 수 없다. 하지만 열정은 위험스러운 면도 가지고 있다. 이는 열정이 광신주의를 잉태하기 때문이다. 비전은 이성의 통제 아래 놓여야 한다. 열정의 사역이 성취되기 이전에 이성이 그 열정을 파괴하지 않기를 바랄 뿐이다."

지성과 겸손 – 지성은 겸손으로 완성됩니다

지식은 좋은 것이지만 교만하게 만드는 지식은 오히려 패망의 선봉이 됩니다. "하나님이 교만한 자를 대적하시되 겸손한 자들에게는 은혜를 주시느니라"(벧전 5:5). 이 지식이 없

> · 지성은 사람과 공동체를 세우는 데 쓰여야 합니다.
> · 지성은 건강한 감성으로 온전해집니다. 지성은 열정과 균형적인 관계에 있어야 합니다.
> · 교만하게 만드는 지식은 오히려 패망의 선봉이 됩니다.
> · 지성은 겸손으로 완성됩니다

다면 우리의 지식은 참 지식이 아닙니다. 이 말씀을 따르지 않는 다른 지식들은 우리를 옭아매는 올무일 뿐입니다. 결국 그 지식 때문에 망할 때가 올 것이기 때문입니다. 그래서 지성의 능력이 좋은 것이긴 하지만 오히려 은사가 있는 곳에 유혹이 있을 수 있습니다.

매력적인 용모를 가진 사람은 그 미모를 가지고 자기가 원하는 것을 얻기 위하여 불의하게 사용하려는 유혹을 받는다. 수려한 언어 구사의 은사를 가진 사람은 그 말을 통하여 자신의 행동을 정당화하려는 유혹을 받는다. 생생하고 감성적인 상상력의 은사를 가진 사람은 그저 무딘 사람이 결코 경험하지 못하는 유혹의 번뇌를 경험해야만 한다. 지성의 탁월함이라는 은사를 가진 사람은 그 은사를 남을 위하여가 아니라 자신을 위하여 사용하려는 유혹을 받고, 그로 인하여 다른 사람들을 섬기기보다는 다른 사람들을 지배하려는 유혹을 받는다. 그러므로 유혹에 있어 가장 슬픈 사실 하나는, 우리가 가장 주의해야 할 곳이 바로 우리가 가장 강한 그곳이라는 사실이다. - 리처트 백스터

지성의 목적은 하나님의 영광

마지막으로 우리가 생각해 볼 것은 지성은 그 자체를 위해 주어진 것이 아니라는 사실입니다. 인간만을 위해서 주신 능력도 아닙니다. 인간의 지성은 하나님의 영광을 고양시키기 위해 주어진 선물입니다. 만물을

영화롭게 하시는 하나님의 계획 속에는 인간만의 독특한 지위와 역할이 있습니다. 다른 피조물과 우리 사이에 역할 구분이 있다는 것입니다.

하나님은 피조물에게 당신의 영광을 반사시키는 역할을 주셨습니다. 아름다운 꽃이 있습니다. 이 아름다운 꽃을 보면서 우리는 하나님이 얼마나 아름다운지, 하나님이 얼마나 다양한 빛깔을 가지신 분인지 알게 됩니다. 이처럼 우리 얼굴도 하나님의 영광을 반사하는 거울입니다. 그래서 은혜 많이 받고 나면 얼굴이 밝아지고 따뜻해지는 것입니다.

반면 지성을 가진 인간에게는 '영광의 반사' 이외에도 '영광의 고백'이라는 역할이 있습니다. 이것이 지성의 역할입니다. 반사는 겉에서 튕겨 나오는 것을 말합니다. 반면 고백이라는 것은 인격체 안에 들어가서 지정의를 관통한 후 다시 나오는 것을 말합니다. 하나님은 사람에게 이 고백하는 역할을 주셨습니다. 내가 하나님의 영광에 감동받고 고백을 잘하면 길가의 은행나무들이 행복해집니다. 나의 회복으로 자연이 기쁨을 누리는 것입니다. 그러나 내가 하나님의 영광을 모르고 죄 가운데 있으면 피조물들이 신음합니다(롬 8:19-22).

따라서 지성은 단순히 내가 똑똑해지는 것을 넘어서는 것입니다. 우리의 지성은 만물을 영화롭게 하시는 하나님의 프로젝트에 능동적으로 참여하는 통로가 됩니다. 우리의 지성이 잘 쓰임받아 하나님의 기쁨이 되기를 기대합니다.

감성과의 만남

| 전병욱 |

① 감성의 존재, 인간

감성은 믿음을 심어 주고 논리는 믿음을 세워 줍니다.

인간은 이성적인 존재라기보다 감성적인 존재입니다. 어떻게 알 수 있느냐? 의사 결정할 때 보면 압니다. 어떤 결정을 해야 할 때, 사람들은 이성에 의한 판단보다는 감성에 의한 판단을 훨씬 많이 합니다.

예를 들어, 물건 살 때를 생각해 보십시오. 이성을 가지고 산다고 생각합니까? 아닙니다. 감성 가지고 삽니다. 대개 색깔 보고, 질감 보고, "이거 부드러워 보이네", "예뻐 보이네" 이러면서 삽니다. 또 브랜드 보고 삽니다. 브랜드 파워가 있지 않습니까? 이성으로 판단하는 게 아닙니다. 트레이닝복 한 벌을 사도 브랜드를 따집니다. 운동화 매장에 십오만 원쯤

하는 나이키가 있고, 그 바로 옆에 만오천 원짜리 나이스가 있습니다. 형편이 괜찮은 사람들은 무엇을 사겠습니까? 나이키를 삽니다. 가격이 열 배인데, 열 배의 가치가 더 있겠습니까? 당연히 아닌데도 왜 나이키를 삽니까? 체면 때문에, 짝퉁이라는 소리 들을까 봐 비싸도 브랜드 있는 것을 사는 것입니다.

그러한 의사 결정을 한다는 게 무엇을 말합니까? 인간이 감성적인 존재라는 것입니다. 요즘에는 하이테크(high-tech) 시대를 지나 하이터치(high-touch)의 시대라고 말합니다. 사람들이 느끼는 감정, 소위 필링(feeling)이 굉장히 중요한 시대가 된 것입니다.

홧김에 뭔가를 하는 것이 인간입니다

저는 자전거 타는 것을 무지 좋아합니다. 그래서 자전거 관련 용품에도 관심이 많은데, 자전거 탈 때 입는 옷이 있습니다. 저지(jersey)라고 하는 것인데 자전거 잘 타는 사람들은 보통 그걸 입고 탑니다. 저지를 입는 이유는 땀 배출을 도와주고 바람 저항을 막아 주기 때문입니다. 겨울철용 저지 같은 경우는 얇으면서도 바람을 막아 주는 기능이 있어서 굉장히 따뜻하고 좋습니다. 재질이 좋기 때문에 겉으로는 추워 보여도 안에서는 열이 납니다.

그런데 자전거를 잘 못 타는 사람은 저지를 살 때도 꼭 브랜드를 따집니다. 가격은 비싸고 기능은 별로 안 좋은 것, 그런 것을 선택합니다. 진짜 자전거를 많이 타는 사람은 브랜드를 안 따집니다. 이게 방풍이 잘되는지, 방수와 투습이 잘되는지, 이런 것으로 의사 결정을 합니다. 하지만 이런 사람은 소수에 불과하고 대부분 기능보다는 브랜드나 색깔을 보고 선택합니다. 이런 점만 보더라도 인간은 지극히 감성적인 존재구나 하고 느끼게 됩니다. 만약 사람이 이성적인 존재라면 절대 그런 식으로 물건을 사지 않을 것입니다.

결혼하는 것도 보면 이성보다는 감성에 의한 경우가 많습니다. 우리 교회에 젊은이들이 많다 보니까 저는 결혼하는 것을 많이 지켜보게 됩니다. 결혼이라는 게 우리 인생에서 얼마나 중요한 일입니까? 그런데 그냥 대충 보고 결혼하는 경우가 많습니다. 분석도 안 해보고 "예뻐 보인다", "괜찮아 보인다" 이러면서 결혼합니다. 그리고 결혼한 다음에 와서 묻습니다. "이러이러한 사람인데 괜찮은 것 같습니까?" 이미 그때는 무를 수도 없는데 말입니다.

옛날 우리 가요 중에 〈갑돌이와 갑순이〉라는 노래가 있습니다. 그 노래 가사가 홧김에 뭐 하는 한국인의 특성을 아주 잘 나타내 주고 있습니다. 1절은 "갑돌이와 갑순이는 한 마을에 살았더래요"라며 시작합니다. 그 가사 내용을 보면, 두 사람은 표현도 못하고 서로 사랑을 했답니다. 그런데 2절에서 갑순이가 다른 데로 시집을 갔습니다. 그러니까 갑돌이가 어떻게 합니까? 자기도 홧김에 장가를 갑니다. 3절이 그 내용입니다. "갑돌이도 화가 나서 장가를 갔더래요. 장가 간 날 첫날밤에 달 보고 울었더래요. 갑돌이 마음은 갑순이뿐이래요. 겉으로는 음음음음~ 고까짓 것 했더래요."

세상에 이런 불행이 어디 있습니까? 갑돌이 부인은 뭡니까? 갑자기 첫날밤에 남자가 밖에 나가더니만 달 보고 눈물짓습니다. "아, 갑순아!" 그러면서. 갑돌이 아내는 완전히 희생양이 된 것입니다.

이 노래 하나만 봐도 인간이 감성적인 존재라는 걸 알 수 있습니다. 이 노래가 지금도 사람들 사이에서 회자(回刺)되는 이유는 무엇입니까? 그 가사가 마음에 와 닿기 때문입니다. 즉 사람들의 감성을 자극하기 때문입니다. 사람들에게 갑돌이, 갑순이처럼 이런 말 못할, 표현하지 못할 아픔이 있다는 것입니다.

제가 청년들을 많이 접하는데 별의별 청년들이 많습니다. 이런 경우도 있었습니다. 한 형제가 어떤 자매를 2년 정도 목숨 걸고 따라다녔습니다. 정말 좋아했습니다. 그런데 그 자매는 이 형제를 별로 마음에 들어 하지 않았습니다. 형제는 "열 번 찍어 안 넘어가는 나무 없다"면서 자매를 끝까지 따라다녔습니다. 하지만 결국, 그 자매는 다른 형제와 결혼했습니다.

2년 동안 자매를 따라다녔던 형제는 좌절하더니만, 딱 두 달 만에 저를 찾아왔습니다. 같은 교회의 다른 자매를 데리고 와서는 결혼하겠다고 했습니다. 그것도 2주 후에 말입니다. 왜 그렇게 급하게 하나 했더니, 자신이 열심히 따라다녔던 그 자매보다 결혼식을 먼저 하려고 그런 것이었습니다. 제가 주례를 할까 말까 하다가 결혼을 말렸는데, 워낙 완강하게 뜻을 꺾지 않아서 결국 결혼 주례를 해 주었습니다. 그때 알았습니다. '와 결혼도 홧김에 하는구나!' 다행히도 이 커플은 잘 살았습니다. 하지만 참 위험한 결정이었다는 생각을 합니다.

사람이 얼마나 감정적일 수 있는지 저는 이런 예들을 통해서 아주 실감나게 느꼈습니다. 우리는 이런 감정을 잘 다스리고 지혜롭게 사용해야 합니다.

전도는 감성으로 해야 합니다

전도할 때 보면, 논리적으로 탁월한 사람들은 전도를 잘 못합니다. 우리가 많이 오해하는 것 중에 하나가 전도가 논리로 된다고 생각하는 것입니다. 예전에 저희 교회에서 창조과학회의 김명현 교수님이 "왜 창조인가?"라는 주제로 아주 탁월한 강의를 해주셨습니다. 창조의 증거가 무엇이며, 왜 우리가 창조론을 믿어야 하는지에 대해 마구 윽박지르는 설교가 아니라 아주 명쾌한 논증으로 강의를 하셨습니다.

그래서 현장에 있던 많은 사람들이 강한 도전을 받고 인터넷상에서도 굉장한 센세이션을 일으켰습니다. 클릭 수가 엄청나게 많고 댓글도 많이 올라왔습니다. 엄청난 반향이라고 할 수 있습니다. 댓글 중에는 "교수님 강의에 은혜 많이 받았습니다. 교수 그만두시고 목사 하시죠." 이런 말도 있었습니다. 목사인 저보고 공부 좀 하라는 말로 새겨들었습니다.

그런데 한 학생은 교수님의 강의 내용을 잘 요약해서 생물 선생님한테 가겠답니다. 그래서 그 무신론자, 진화론자를 변화시키겠답니다. 제가 그 글을 보면서 이런 생각을 했습니다. '참, 아직 뭘 모르는 학생이네….' 그 학생이 생물 선생님에게 김명현 교수의 강의 내용을 들이댄다고 선생님이 변화될 것 같습니까? 아닙니다. 오히려 선생님은 또 다른 논리를 들고 나와서 싸우려고 할 것입니다. 전도는 논리로 되는 것이 아닙니다.

전도를 하려면 사람의 감성을 건드려야 합니다. 아무리 마음이 강퍅한 사람이라도 언젠가는 아플 때가 있을 것 아닙니까? 그때 잘 위로해 주면 마음이 녹습니다. 고난당할 때가 있을 것 아닙니까? 그때 하나님의 이름으로 격려해 주면 성령님이 그의 마음을 녹여 주십니다. 실제로 전도를 해 보면 논리로 전도되는 영혼은 별로 없습니다. 대부분 마음이 아프고 깨지고 공허할 때 따뜻한 말 한마디, 격려와 위로의 손길로 마음이 변화됩니다. 대부분의 사람이 다 그렇습니다.

그러면 김명현 교수님 강의는 어떤 사람한테 필요합니까? 대상을 잘 잡아야 합니다. 이 강의는 불신자들 모아 놓고 전도 집회 때 했던 강의가 아닙니다. 오히려 예수를 믿는 사람들, 믿는 데 헷갈리는 사람들에게 한 것입니다. 믿긴 믿어야 하는데 어떻게 하면 이걸 믿을 수 있을까 고민하는 사람들을 모아 놓고 해야 은혜가 폭발합니다.

그러니까 논리는 무엇입니까? 이미 믿고 난 다음에 그 믿음을 세워 줄 때 필요한 것입니다. 처음 믿을 때는 논리 가지고 잘되지 않습니다. 그래서 논리를 가지고 목회하거나 사역하는 분들의 교회에는 대부분, 사람이 많이 모이지 않습니다. 왜냐하면 진입 장벽이 너무 높습니다. 불신자들이 거기를 넘어가지 못합니다. 그런데 우리가 보기에 무슨 설교를 저렇게 수준 낮게 하나 하는 곳에 사람들이 몰려듭니다. 초신자들의 눈높이에 딱 맞기 때문입니다. 진입 장벽이 낮은 것입니다.

그런데 또 거기서 발전이 없으면 오래 머물지 못합니다. 말씀을 조금 깨닫게 되면 성경 잘 풀어 주는 다른 교회로 가 버립니다. 그러니까 이 두 가지 요소가 다 있어야 합니다. 한 가지만 붙잡을 게 아니라 두 가지 모두로 무장되어 있어야 합니다.

사도행전 16장에 나오는 빌립보 감옥의 바울과 실라의 모습도 그것이라고 생각합니다. 바울과 실라가 감옥에 갇혔습니다. "밤중쯤 되어 바울과 실라가 기도하고 하나님을 찬미하매 죄수들이 듣더라"(25절). 한밤중에 기도하고 찬미하는데, 그 소리가 당연히 들리지 안 들리겠습니까? 왜 이런 빤한 이야기를 적어 놓았을까요?

이 '듣더라' 라는 말을 강조하는 이유는 죄수들이 그냥 들은 것이 아니라는 것입니다. 의미심장하게 듣더라, 의아함을 가지고 듣더라, 굉장히 궁금증을 가지고 듣더라 그런 이야기입니다. '죄수들이 듣더라.' 여기서 느낄 수 있는 뉘앙스가 무엇입니까? 그들 안에 심정적인 변화가 있었다는 것입니다. 마음이 열렸다는 것입니다.

그리고 난 다음에 지진이 나고 옥문이 열려 간수가 죄수들이 도망한 줄 알고 자결하려고 하니까 바울이 소리를 지릅니다. "우리가 다 여기 있노라"(28절). 이때 간수가 뛰어 들어가 "선생들아 내가 어떻게 하여야 구원을 얻으리이까"(30절) 하고 묻습니다. 그러자 바울이 우리가 잘 아는 유명한 구절, "주 예수를 믿으라 그리하면 너와 네 집이 구원을 얻으리라"(31절)고 대답합니다. 마지막이 논리, 명확한 설명입니다.

그러니까 처음부터 그냥 길거리 다니면서 "주 예수를 믿으라 그리하면 너와 네 집이 구원을 얻으리라"고 외치고 다니면 효과가 아주 없진 않지만 거의 없습니다. 왜 그렇습니까? 감성의 문을 열지 않고 논리부터 선포하니까 안 받아들이는 것입니다. 그러니까 이 말씀 하나를 전하기 위해서도 우선 감성의 문을 활짝 열어야 합니다. 여기서는 어떻게 그들의 마음이 열렸습니까? "죄수들이 듣더라." 듣게 만들어야 하는 것입니다. 이런 접근이 필요합니다.

감성이 주는 메시지는 관계입니다

따라서 중요한 것은 바로 관계입니다. 이것이 감성이 우리에게 주는 제일 중요한 메시지입니다. 로마서의 중심 주제 가운데 하나가 이신칭의(以信稱義 : *justification by faith*), 믿음에 의한 의입니다. 우리는 이신칭의를 한자로만 생각하기 때문에 의롭게 된다는 말을 정의(*justice*) 또는 올바름으로만 이해합니다. 그런데 여기 쓰인 헬라어 '디카이오시네(*dikaiosyne*)' 는 하나님과 우리 사이의 올바른 관계를 뜻하는 말입니다.

왜 우리가 십자가를 붙들고 십자가를 강조합니까? 죄로 인해 하나님과 인간 사이가 원수가 되었는데 이 깨진 관계를 회복할 수 있는 유일한 길이 십자가이기 때문입니다. 예수님의 보혈을 붙잡고 나아갈 때 하나님이 우리와의 관계를 회복시켜 주시기 때문입니다. 관계의 회복, 그것이 의입니다. 그리고 십자가를 붙들어야만 하나님과 올바른 관계를 맺습니다.

우리는 이 의를 인간 사회 속에서도 이루어야 합니다. 올바른 관계가 이루어져야 커뮤니케이션이 가능합니다. 커뮤니케이션이 탁월하다는 것은 인간관계의 틀이 잘 이루어져 있다는 것입니다. 심리학에서는 이것을 래포(rapport)라고 합니다. 서로 간에 신뢰가 잘 형성되어야, 다시 말해 래포가 잘 형성되어야만 주고받는 게 가능하고 교육이 가능해집니다. 래포가 형성된다는 게 바로 성경이 말하는 의입니다. 신학이 우리 실생활에 적용되는 게 이런 것입니다. 관계가 올바르지 않으면 나 자신의 기능도 제대로 발휘될 수 없습니다. 감성이 이렇게 중요한 것입니다.

보통, 젊은이들이 그런 얘기를 합니다. 이 세상에는 세 종류의 인간이 있다고. 첫째는 남자, 둘째는 여자, 셋째는 아줌마. 이 말이 무슨 뜻인가 했더니, 한국의 아줌마들은 어느 성(性)으로든 분류가 불가능한 분들이라는 것입니다. 남자 같기도 하고 여자 같기도 하고 어떻게 해석을 해야 할지 알 수 없다는 것입니다.

우리 교회에는 미혼 청년들이 한 6천 명쯤 있습니다. 그러다 보니 제가 결혼 주례를 참 많이 합니다. 작년만 해도 250회 정도 주례를 했습니다. 그런데 결혼식에 가 보면, 조용한 양가도 있지만 대부분 정말 많이 떠듭니다. 특히 아줌마들이 그렇습니다. 주례보다 목소리가 더 클 때도 있습니다. 그래서 조용히 하라고 주의를 주기도 합니다만, 어떤 때는 도가 지나쳐 제가 너무 화날 때가 있습니다. 그때마다 저는 '도대체 남의 결혼을 축하하는 자리에 와서 웬 소란인가, 왜 저렇게 무례하고 교양이 없는가' 하고 별 생각을 다 했습니다.

그런데 목회하면서 사람들과 대화하고 상담하다 보니 아줌마들을 욕하면 안 된다는 결론이 나옵니다. 그 아줌마들이 그렇게 된 이유가 있습니다. 다들 남편을 잘못 만나서 그렇습니다. 여자는 남편에게 사랑받지 못하면 거칠어지게 되어 있습니다. 그러니까 결혼식 날 예쁜 신부가 드레스를 입고 딱 서 있는 모습을 보는 순간 아줌마들은 울화가 치밀어오는 것입니다. '나는 뭐야? 내 인생은 어떻게 보상 받지?' 그러면서 목소리가 커지는 것입니다.

결혼할 때 즈음의 여자들을 보면 조용하고 얌전하고 참합니다. 눈빛 보면 호수 같고, 오래 쳐다보면 익사할 것 같습니다. 그런데 이렇게 조용하던 여자들이 결혼 후 5년, 10년이 지나면 왈패로 변해 있습니다. 사랑받지 못하면 그렇습니다. 반면 남편의 사랑을 깊이 받은 여자들은 마흔이 되었는데도 여성미가 더 납니다. 무르익을 대로 익어서 품위와 교양이 흘러나옵니다. 신앙의 연륜도 더해져서 "하나님이 만드신 여성의 아름다움이 이런 것이구나!" 하는 감탄이 나옵니다. 이유가 무엇입니까? 하나님의 은혜를 충만히 받고 남편의 사랑을 듬뿍 받아서 그렇습니다.

고린도전서 11장을 보면 "여자는 남자의 영광이니라"는 말씀이 있습니다. 처음에는 이 말씀을 어떻게 해석해야 하나 고민하기도 했는데 21세기 용어로 하자면 아마 이런 표현쯤 될 것 같습니다. "여자를 보면 남

올바른 관계가 이루어져야 커뮤니케이션이 가능합니다. 커뮤니케이션이 탁월하다는 것은 인간관계의 틀이 잘 이루어져 있다는 것입니다. 서로 간에 신뢰가 잘 형성되어야, 주고받는 게 가능하고 교육이 가능해집니다. 관계가 올바르지 않으면 나 자신의 기능도 제대로 발휘될 수 없습니다. 감성이 이렇게 중요한 것입니다.

자를 안다." 남자들끼리 모여 있으면 누가 어떤 사람인지 잘 알 수가 없습니다. 구분이 안 됩니다. 양복 입고 점잖게 앉아 있으면 이 사람이 인격이 좋은 사람인지 나쁜 사람인지 모릅니다. 그런데 부부동반으로 있으면 압니다. 이 남자가 어떤 사람인지 그 속성을 숨길 수가 없는 것입니다.

제가 한 대기업의 CEO와 예배를 드린 적이 있는데, 그 자리에 오신 분들이 모두 부부동반으로 왔습니다. 나중에 제가 물었습니다. "저는 남자들만 오는 줄 알았는데 웬일입니까?" 그랬더니 그분이 이렇게 말씀하십니다. "저는 중요한 모임이 있을 때는 가끔 참석자들이 부부동반으로 오게 만듭니다. 그 아내를 보면 그 사람의 인격을 더 잘 알 수 있기 때문입니다. 그 사람이 숨어 있을 때, 남들이 보지 않을 때 어떤 행동을 하는지 금방 파악할 수 있답니다." 즉 아내의 얼굴 표정과 분위기를 보면 그 남편이 어떤 사람인지 드러난다는 것입니다. 얼굴이 어둡고 눌려 있는 것 같으면 '이 남자는 앞에서 하는 행동과 뒤에서 하는 행동이 다른 사람이구나' 하는 것이 느껴진답니다. 그래서 그 사람에게는 중요한 일을 맡기지 않는답니다. 아내가 행복해하고 기뻐하고 교양 있고 그러면 그 사람은 믿을 만한 사람일 가능성이 높다고 합니다. 그런데 이 구별법이 거의 틀리지 않다고 합니다. 기가 막힌 지혜 아닙니까? 이런 것이 성경을 우리

하나님과 우리 사이에 십자가의 의가 있는 것과 마찬가지로 수평적인 관계에서도 의가 이루어져야 합니다. 의가 무엇입니까? 올바른 관계입니다. 이 관계에서 가장 중요한 요소가 무엇입니까? 바로 감성입니다.

일상생활 가운데 사용하는 방법입니다.

여자는 사랑을 받아야 제대로 기능을 합니다. 사랑은 관계입니다. 부부간의 의가 이루어져야 제 기능을 하는 것입니다. 이런 여자들은 화장을 해도 다릅니다. 비싼 화장품을 사용할 필요가 없습니다. 싼 것을 발라도 화장이 잘 먹습니다. 하지만 부부 관계에 의가 없는 사람들은 아무리 비싼 것을 발라도 소용이 없습니다. 화장품이 중요한 게 아닙니다. 자꾸만 화장이 겉도는 이유가 뭔지 압니까? 사랑받지 못해서 그렇습니다. 그러니까 남자는 아내의 화장하는 모습을 보면서 자신의 영성을 들여다볼 수 있어야 합니다. 이는 중요한 일입니다.

하나님과 우리 사이에 십자가의 의가 있는 것과 마찬가지로 수평적인 관계에서도 의가 이루어져야 합니다. 의가 무엇입니까? 올바른 관계입니다. 이 관계에서 가장 중요한 요소가 무엇입니까? 바로 감성입니다. 그렇다면 이 감성이라는 영역은 우리가 생각했던 것보다 훨씬 넓은 것입니다.

② 감성이 기여하는 영역

하나님이 주신 감성으로 믿음의 야성을 회복하십시오. 기도의 야성을 회복하십시오. 어떤 영적 싸움도 이겨낼 수 있습니다.

그렇다면 감성이 어떻게 관계에 영향을 줄 수 있을까요? 세 가지 영역으로 정리할 수 있습니다. 첫째는 유머, 둘째는 은혜, 셋째는 야성입니다.

유머 – 기쁨을 보여 줍니다

그리스도인은 기쁨을 보여 줘야 합니다. '보여 주는 것'은 예수님의 교육 방법이기도 했습니다. 주님이 부활하신 후 이 땅에 계시며 하신 일이 무엇이었습니까? 바로 부활하신 당신의 모습을 보여 준 것입니다. 예수님이 부활하셨다는 것, 정말 중요한 사실입니다. 이 부활의 기초 위에 사도행전이 시작되고 초대 교회가 세워졌습니다.

그런데 예수님은 이 중요한 부활을 설명하고 다니시지 않았습니다. 그냥 보여 주셨습니다. "나 부활했잖아!" 하고 보여 주면 간단한 것입니다. 사도행전을 보면 "해 받으신 후에 또한 저희에게 확실한 많은 증거로 친히 사심을 나타내사 사십 일 동안 저희에게 보이시며"(행 1:3)라고 기록되어 있습니다. 이것이 예수님의 교육 방법이었습니다. 십자가에 달리시기 전에도 세족식을 통해 섬기는 모습을 '보여' 주셨습니다.

우리도 그래야 합니다. 하나님의 말씀을 우리 삶 가운데서 보여 주어야 합니다. 성령이 임할 때 대표적인 특징이 무엇입니까? 기쁨입니다. 기뻐하라고 밤낮 입으로만 얘기하면 뭐 합니까? 내가 기뻐하는 걸 보여 주면 되는 것입니다. 그것이 가장 강력한 영향력을 미칩니다. 기쁨, 겸손, 온유, 절제 이런 것들은 설명을 요하는 추상적 개념이 아닙니다. 보면 단번에 압니다. 이것이 기독교입니다.

사랑도 마찬가지입니다. 사랑은 분명 존재하지요? 그런데 사랑은 관계이기 때문에 정의 내리기가 쉽지 않습니다. 관계라는 건 설명이 안 됩니다. A와 B의 관계라고 할 때 여기에는 어떤 긴밀함과 역동성이 있는데 그것을 몇 마디로 설명할 수는 없는 것입니다. 그래서 사랑 장(章)이라

> 성령이 임할 때 대표적인 특징이 무엇입니까? 기쁨입니다. 기뻐하라고 밤낮 입으로만 얘기하면 뭐 합니까? 내가 기뻐하는 걸 보여 주면 되는 것입니다. 그것이 가장 강력한 영향력을 미칩니다. 기쁨, 겸손, 온유, 절제 이런 것들은 설명을 요하는 추상적 개념이 아닙니다. 보면 단번에 압니다. 이것이 기독교입니다.

고 하는 고린도전서 13장을 보더라도 "사랑은 이것이다"라고 한마디로 정의하지 않습니다. 단지 사랑하는 사람들의 특징에 대해서 보여 주고 있습니다.

사랑의 특징이 무엇입니까? "사랑은 오래 참고 사랑은 온유하며 투기하는 자가 되지 아니하며 사랑은 자랑하지 아니하며 교만하지 아니하며"(4절). 이것이 사랑의 정의입니까? 아닙니다. 사랑은 정의 내릴 수 없는데, 사랑하는 사람들을 보니까 오래 참더라는 것입니다. 그들을 보니까 주로 온유하고, 자기 자랑이 별로 없더라는 말입니다. 이렇게 상태를 보여 줌으로써 '이것이 사랑이야'라고 추측하게 만드는 것입니다. 왜 그렇습니까? 사랑은 관계이기 때문입니다.

기쁨을 보여 주고 사람을 모으는 감성 목회

기독교의 메시지도 세상을 향해 딱 부러지게 증거할 수 없습니다. 세상 사람들이 느끼지 못하는 것이니까 보여 줘야 합니다. 인간은 보고 배웁니다. 그래서 감성 목회는 불신자들을 전도하는 데 있어서 굉장히 중요합니다. 특별히 믿음이 연약한 사람들한테 접근할 때도 아주 중요합니다.

저는 기독교 메시지 가운데 가장 중요한 게 기쁨이라고 생각합니다. 데살로니가전서 5장 16-18절은 "항상 기뻐하라 쉬지 말고 기도하라 범사에 감사하라 이는 그리스도 예수 안에서 너희를 향하신 하나님의 뜻이니라"고 말씀합니다. 정말 그렇습니다. 저는 항상 기뻐하는 게 하나님의 뜻이라고 믿습니다. 일단은 사역자들이 기뻐해야 합니다.

제가 많은 교회를 다니는데, 다녀 보면 어떤 교회가 부흥하는지 압니까? 보통 목사가 설교를 잘해야 부흥한다고 말하는데, 맞는 말입니다. 또 목사의 인격이 탁월해야 부흥한다고도 하는데 그것도 맞는 말입니다. 그런데 제가 새로 깨달은 사실은, 잘 노는 목사가 있는 교회가 부흥한다는 것입니다.

베이징에서 제일 큰 교회에 박 선생님(거기서는 목사님을 선생님이라고 부릅니다)이라는 분이 계십니다. 그분하고 저하고 아주 절친한 사이여서 자주 만나는 편입니다. 그런데 제가 이분 만나서 한 번도 목회 이야기를 하는 걸 들어 본 적이 없습니다. 그 교회가 2천~3천 명 정도 모인다니까 외국에서는 굉장히 많이 모이는 것입니다. 중국에서는 이 정도로 모인다는 게 쉽지 않습니다.

그런데 이런 교회의 목사님에게서 한 번도 목회 이야기를 들어 본 적이 없습니다. 그러면 만나서 무슨 이야기를 하느냐, 축구 이야기만 합니다. 그분은 축구만을 생각하고 축구만을 묵상하고 축구만을 증거하며 축구에서 기쁨을 느끼고 축구에서 보람을 느낍니다. 그런데도 교회가 성장합니다. 이유가 무엇입니까? 주 안에서 기뻐하는 게 뭔지 자신이 직접 보여 주고 있기 때문입니다.

이제까지 우리가 봐 왔던 사역자들을 보면 '참 고난이 많다' 는 생각이 듭니다. 좋아하는 찬송도 "십자가를 내가 지고 주를 따라가리라" 이런 것입니다. 그래서 저는 목회자들을 존경은 했지만, 그렇게 되고 싶지는 않다는 마음을 항상 가지고 있었습니다. "하나님, 감사합니다. 제가 저 길을 안 가게 해 주셔서 참 감사합니다" 하면서 말입니다. 그런데 이 박 선생님은 제가 보고 있으면 기쁩니다. 이 사람같이 되고 싶습니다.

지금까지 지내오면서 제가 속했던 공동체가 가장 부흥했던 적이 언제였는지 생각해 보니, 중학교 때였던 것 같습니다. 당시 중등부 담당 전도사님이 지금 총신대 김정호 교수님이었습니다. 그런데 그때 그렇게 부흥했던 이유가 무엇일까 생각해 보니 이분이 보여 주시는 기쁨이었습니다. 이분은 어린 학생들이 보기에도 즐거울 만큼 기쁘게 사역을 했습니다. 제게는 그때 처음으로 목회자가 부러움의 대상이 되었습니다. '나도 저분같이 되어야지. 나도 저렇게 살고 싶다'는 생각이 들었습니다. 사람들의 모델이 될 수 있는 삶, 그것이 중요합니다.

사역자들이 다른 것보다도 주 안에서 기뻐하는 모습을 보여 주면 좋겠습니다. 기뻐하는 척하는 것이 아니라 진짜 기뻐하면 좋겠습니다. 인간은 영적인 존재이기 때문에 그 행위가 거짓인지 진실인지 금세 알 수 있습니다. 우리가 사람들에게 진심으로 기뻐하는 모습을 보여 줄 때, 사람들은 마음을 열고 복음을 받아들이게 될 것입니다.

예수님의 유머 감각

예수님도 유머 감각이 상당히 뛰어나셨습니다. 그리고 즐겁게 사셨습니다. 예수님의 표현 가운데 웃기는 표현이 얼마나 많습니까?

'회칠한 무덤' 같은 말씀을 보면, 어떻게 '회칠했다'는 것과 '무덤'을 연결시킬 생각을 하셨는지 모르겠습니다. 회칠한 무덤이란 "속에는 썩은 게 있는데 겉만 예쁘게 화장했다"는 뜻입니다. 본질은 똑같은데 모양만 바꾼다고 그것이 바뀌느냐는 말씀입니다. 21세기 젊은이들이 쓰는 말로 바꾸면 "호박에 줄 친다고 수박 되냐?" 이 정도쯤 될 것입니다. 예수님이 그런 표현을 쓰셨다고 생각하면 굉장히 재미있습니다. 이렇듯, 예수님은 표현 자체에서부터 마음의 여유와 유머가 있는 분이셨습니다.

또 "낙타가 바늘귀에 들어가는 것이 부자가 천국에 들어가는 것보다 더 쉽다"는 표현도 마찬가지입니다. 어떻게 낙타하고 바늘귀를 연결시킵니까? 서로 어울릴 것 같지 않은, 말도 안 될 것 같은 두 가지를 연결시키는 능력이 있으신 것입니다. 낙타는 상인들이 쓰는 동물이고 바늘은 주부가 집에서나 쓰는 것 아닙니까? 그것들을 연결시켜서 '힘들다'는 의미를 표현하신 것입니다. 그냥 "천국 가기 힘들어"라고 말하는 것보다 "낙타가 바늘귀에 들어가는 것이 더 쉽다"고 하면 그림을 보는 것처럼 얼마나 가슴에 와 닿습니까? 예수님은 이렇게 참 재미있는 분이셨습니다.

게다가 예수님은 제자들을 부르실 때도 별명을 붙이셨습니다. 시몬이 올 때 예수님이 "너는 베드로다" 그러셨습니다. 반석이 무엇입니까? 우리가 성경을 읽을 때 너무 고상하고 거룩한 면만 봐서 그런데, 우리 표현으로 하면 '짱돌' 또는 '돌쇠'입니다. 보통, 열심만 있고 생각은 별로 없는 사람을 돌쇠라고 합니다. 베드로가 꼭 그러했지 않습니까? 그는 앞뒤 안 가리고 방향 없이 열심만 갖고 있는 사람이었습니다. 예수님이 "너는 베드로다"고 하신 말씀은 "너 완전히 돌쇠네, 짱돌이네" 그런 뜻입니다. 예수님의 유머가 엿보이는 대목입니다. 그런데 우리는 "너는 베드로라, 이 반석 위에 네 교회를…" 하면서 너무 고상하게만 봅니다.

또 하나 야고보와 요한입니다. 그 둘은 형제인데 성격이 불같습니다.

사마리아에 갔다가 사마리아 사람들이 자신들의 말을 안 들으니까 불을 내려서 다 없애 버리자고 했던 사람들입니다. 예수님은 이들에게 '우레'라는 별명을 붙여 주십니다. 이렇게 성격이 급한 사람들을 우리는 "냄비 끓는 듯하다"고 합니다. 만약 예수님이 당시 한국에 계셨다면 이들을 냄비라고 부르셨을 것입니다.

예수님이 이들을 데리고 변화산에 올라가시는 모습을 상상해 보십시오. 아마 이렇게 말씀하셨을 것입니다. "짱돌, 그리고 큰 냄비 작은 냄비, 이리 오너라." 예수님은 정말 재미있는 분이십니다. 그런데 우리는 그걸 잘 이해 못하고 있습니다.

복음서를 통해 알 수 있는 예수님과 바리새인의 결정적인 차이점이 무엇입니까? 예수님은 유머를 아시는 분, 바리새인은 유머를 모르는 사람들이라는 것입니다. 바리새인들은 웃음도 없고 밤낮 심각합니다. 이것이 그들의 특징입니다.

우리도 바리새인들을 많이 닮았습니다. 늘 심각합니다. 예수님은 즐겁게 안식일에 병 고치시는데 바리새인은 요일 따지고 있습니다. "오늘이 무슨 요일이야? 안식일이네" 하고 바를 정(正)자 써 가면서 한 번 실수, 두 번 실수, 이렇게 세고 있습니다. 모든 상황 다 무시하고 밤낮 우두커니 앉아서 뭐 잘못하는 것 없나 쳐다보고 있습니다. 예수님이 말씀하

> 복음서를 통해 알 수 있는 예수님과 바리새인의 결정적인 차이점이 무엇입니까? 예수님은 유머를 아시는 분, 바리새인은 유머를 모르는 사람들이라는 것입니다. 바리새인들은 웃음도 없고 밤낮 심각합니다.

실 때마다 실수 하나, 꼬투리 하나 잡으려고 혈안이 되어 있습니다. 이런 사람들이 바리새인들입니다.

우리가 예수님 닮으려면 어떻게 해야 합니까? 웃으면 됩니다. 바리새인은 웃을 수 없는 존재지만 예수님은 웃을 수 있는 분이십니다. 교회가 앞장서서 웃을 수 있는 존재를 만들어야 합니다. 지성인들에게 굉장한 영향력을 끼친 작가요, 옥스퍼드 대학의 교수였던 C. S. 루이스가 쓴 「스크루테이프의 편지」라는 재미있는 책이 있습니다. 마귀를 의인화해서 우리 성도들의 삶 가운데 악한 마귀가 어떻게 시험을 하는지 우화로 재미있게 쓴 책입니다. 거기서 마귀를 이렇게 정의하고 있습니다. "마귀는 유머를 이해하지 못하는 존재다." 다시 말해 마귀는 웃음이 없다는 것입니다. 그는 웃을 수 없는 존재입니다. 우리가 웃지 않는다면 마귀와 다를 바 없는 존재가 되는 것입니다.

멜 깁슨의 영화 〈패션 오브 크라이스트(The Passion of The Christ)〉를 보면 마귀가 매우 인상적으로 등장합니다. 예수님이 십자가를 지실 때 군중 사이에서 후드를 덮어쓰고 왔다 갔다 하는 존재가 마귀입니다. 저는 그 모습 보면서 멜 깁슨이 정말 대단한 사람이라는 생각을 했습니다. 마귀의 속성을 어떻게 그리 잘 표현했는지 감탄이 절로 나왔습니다. 거기서 마귀는 얼굴이 잘 보이지 않습니다. 냉정한 눈빛으로 약점만 살피고 있습니다. 교회 안에도 가끔 이런 사람들이 있습니다. 매일 쭈그리고 앉아서 다른 사람 뭐하나 살피면서 고개 내밀고 눈치만 살피는 사람들이 있습니다. 교회가 이런 사람들을 만들면 안 됩니다. 교회는 성도들이 기쁨의 감성을 많이 가질 수 있도록 해 주어야 합니다.

교만하면 웃을 수 없습니다

마귀는 왜 유머를 이해하지 못합니까? 교만해서 그렇습니다. 교만하면 웃지 않습니다. '내가 그 정도 수준인 줄 아느냐, 내 수준은 다르다.' 이렇게 생각합니다. 외부에 집회를 다니다 보면, 특히 교만한 사람들이 많이 모인 집회가 있습니다. 여기서 교만한 사람들이라 함은 교육 수준이 높은 사람들, 아주 부자들, 그리고 아주 높은 지위에 있는 CEO들 같은 부류입니다.

그런 사람들이 모인 모임에 가서 설교하게 되면 분위기를 부드럽게 만들기 위해서 유머를 섞어서 설교할 때가 있습니다. 그런데 이런 사람들은 아무리 웃기는 이야기를 해도 안 웃습니다. 나는 웃으라고 말했는데 절대 안 웃습니다. 그럴 땐 참 민망합니다. 하지만 제가 물러날 사람이 아니지요. 더 강도 높은 유머를 던집니다. 그래도 안 웃습니다. 한 10분 정도를 그렇게 하고 나면 그때서야 항복하고 웃습니다. 한쪽은 웃기려고 애쓰고 다른 한쪽은 죽어도 웃나 봐라 하면서 그 10분 동안 대단한 기 싸움이 오갑니다. 웃는 속도가 멀면 멀수록 교만한 사람들입니다. 그들은 유머를 모를 뿐 아니라 웃으면 진다고 생각합니다.

그런데 은혜가 충만하고 겸손한 사람들은 정말 잘 웃습니다. 제 생각에는 정말 썰렁한 이야기인데도 웃어 줍니다. 다 아는 얘기인데도 웃어 주는 것입니다. 이것이 겸손한 사람들의 특징입니다. 요즘은 인터넷 시대라 처음 듣는 얘기가 거의 없습니다. 방금 전까지 정보의 바다를 헤매고 왔는데 전혀 모르는 이야기가 어디 있겠습니까? 몇 가지 정도는 다 아는 내용입니다. 다 알고 있지만 한 번 더 웃어 주는 것입니다. 이는 하나님의 영이 역사하는 사람의 여유입니다.

겸손한 사람만이 웃을 수 있습니다. 교회가 이런 겸손한 사람을 만들어야 합니다. 웃을 수 있는 사람, 여유가 있는 사람, 다른 사람이 자기 삶 가운데 들어올 여지를 만들 줄 아는 사람을 만들어야 합니다. 이것이 감성으로 무장된 하나님 백성들의 모습입니다.

리더에게도 유머가 필요합니다

사역자들에게도 유머의 능력이 필요합니다. 유머는 특별히 리더십에서 중요한 부분을 차지입니다.

사실, 진짜 유머는 고난에서 나옵니다. 그리고 고난을 이기는 힘이 유머입니다. 이제까지 읽은 책 가운데 가장 유머 감각이 뛰어난 책을 뽑으라면 「탈무드」를 뽑고 싶습니다. 탈무드는 유대인들이 고난당하는 가운데 나온 이야기들입니다. 거기에 유머가 있습니다. 유머의 힘으로 고난을 이기는 것입니다.

어떤 분이 선교사를 파송하는 단체에 계신 분에게 이런 질문을 했다고 합니다. "오랜 기간 동안 선교사를 파송하셨는데, 선교사의 자질 중에 제일 중요한 게 무엇인가요?" 우리 같으면 언어 감각이 뛰어나야 한다, 문화 적응력이 뛰어나야 한다, 믿음이 좋아야 한다, 이렇게 말할 것 같은

> 겸손한 사람만이 웃을 수 있습니다. 교회는 웃을 수 있는 사람, 여유가 있는 사람, 다른 사람이 자기 삶 가운데 들어올 여지를 만들 줄 아는 사람을 만들어야 합니다. 이것이 감성으로 무장된 하나님 백성들의 모습입니다.

데, 그분의 대답은 의외였습니다.

"유머 능력이 있어야 됩니다."

그분이 수년 동안 선교사를 파송하고서 내린 결론이 이것입니다. 왜 그러냐고 물었더니 "유머 능력 없이 그 험악한 선교지에서 어떻게 견딜 수 있겠습니까?"라고 대답했답니다. 언어의 압박, 문화 충격, 돌발 상황들, 매뉴얼로 해결할 수 없는 일들, 많은 스트레스 등 닥쳐오는 많은 문제들을 유머 감각이 아니면 못 이긴다는 것입니다. 웃을 수 있는 사람은 오래 갑니다. 웃지 않는 사람은 우울증에 빠져 곧 쓰러지고 맙니다. 여유가 있는 사람이 롱런(long-run)합니다.

미국 역대 대통령 중에 유머 감각이 아주 뛰어난 사람 중 하나가 로널드 레이건이라고 합니다. 한번은 레이건 대통령이 권총 저격을 당한 적이 있습니다. 대통령이 총에 맞았으니 미국 사람들이 얼마나 놀랐겠습니까? 지도자가 쓰러졌으니까 "국가 위난 사태다" 하며 동요하지 않겠습니까?

그런데 정작 가슴에 총을 맞아 병원에 실려 가던 레이건은 간호사한테 이런 농담을 던졌답니다. "야, 예쁘게 생겼네. 나 일어나면 나랑 데이트나 한번 하지." 그리고 부인 낸시가 옆에 있으니까 "비밀이야" 그랬다는 것입니다. 보통 때 이런 말을 했다면 여자한테 치근덕대는 남자라고 욕을 먹었을 텐데, 그 상황에서는 이 말이 유머가 될 수 있었던 것입니다. 위급한 상황인데도 그런 농담을 던질 수 있다는 것, 그게 무슨 의미입니까? "나는 건재하다"는 뜻입니다. 그 말이 방송을 통해 미국 국민들에게 전해질 때 국민들은 무엇을 느꼈을까요? "그 정도 농담을 던지는 걸 보니 죽음의 위기는 아니구나" 하며 안도감을 느꼈을 것입니다. 그러고 보면, 레이건이 병원에 실려 가면서 간호사에게 던진 유머는 단순한 유머가 아니라 대국민 메시지였던 것입니다. 이것이 리더가 가진 유머의 능력입니다.

유머는 단순한 농담이 아닙니다. 유머가 사람들에게 주는 파급 효과는 엄청납니다. 리더에게는 유머 능력이 있어야 합니다. 유머 감각을 가지고 유머를 연구하고 또 그것을 통해 사람들의 긴장을 풀어 주고 두려움을 해소하게 만드는 능력, 이것이 감성 터치입니다.

은혜 – 열등감을 이기는 능력

또 한 가지, 우리가 감성에서 다룰 수 있는 것이 은혜입니다. 저는 은혜를 열등감을 이기는 능력이라고 생각합니다. 따라서 열등감의 문제와 은혜를 연관시켜 살펴보면 좋겠습니다.

저는 성경을 보면서 이런 생각을 해 보았습니다. '성경에서 나하고 제일 유사한 인물이 누굴까?' 다윗? 아닙니다. 다윗하고 저는 닮은 데가 없습니다. 미켈란젤로의 〈다비드 상〉을 보면 다윗은 눈도 부리부리하

유머는 단순한 농담이 아닙니다. 유머가 사람들에게 주는 파급 효과는 엄청납니다. 리더에게는 유머 능력이 있어야 합니다. 유머 감각을 가지고 유머를 연구하고 또 그것을 통해 사람들의 긴장을 풀어 주고 두려움을 해소하게 만드는 능력, 이것이 감성 터치입니다.

고 머리숱도 많고 저하고는 비교할 수가 없습니다. 그냥 다윗이 되었으면 얼마나 좋을까 정도로만 생각합니다. 그럼 모세? 모세는 저하고 성격이 다릅니다. 모세는 우울질인데 저는 아닙니다. 그럼 바울? 감히 제가 어떻게 바울과 상대가 되겠습니까.

그런데 성경을 쭉 보다 보니까 저와 비슷한 사람이 한 사람 있었습니다. 여자입니다. 바로 야곱의 부인 레아입니다. 레아가 저랑 비슷해 보였습니다. 첫째 눈이 나쁘다는 것이 저와 유사한 점입니다.

레아를 묘사할 때 "안력이 부족하고"라는 표현이 나오는데 저도 눈이 상당히 나쁩니다. 그래서 안경 도수가 매우 높습니다. 워낙 시력이 나빠서 중학교 3년, 고등학교 3년 동안 칠판 글씨를 본 적이 없습니다. 제 키가 중학교 1학년 때 181센티미터였습니다. 지금 키하고 같았는데, 중학교 1학년생 치고는 굉장히 큰 키였습니다. 제 친구들이 겨드랑이 밑에 있었습니다. 그렇게 크다 보니까 눈이 나빠도 앞자리에 앉을 수 없었습니다. 그렇다고 칠판 글씨를 볼 수 있을 정도로 안경 도수를 맞추자니 렌즈가 너무 두껍고 무거워서 할 수가 없었습니다. 지금은 기술이 좋아 렌즈를 얇게 할 수 있지만, 그때는 렌즈 압축 기술이 없어서 제게 맞는 도수의 안경을 끼면 코뼈에 무리를 가져올 정도였습니다.

그래서 뒤에 앉아서 칠판을 보는 시늉만 했습니다. 봐도 보이지 않으니까 선생님이 말씀하시면 메모하고, 그냥 외워 버리고, 쉬는 시간에 친구 노트 빌려서 빠진 거 메모하고 하면서 참 피곤하게 살았습니다. 사는 게 너무 힘들어서 정말 죽고 싶은 심정이었습니다. 그때는 장래 희망이 뭐냐고 물으면 '순교자'라고 대답하곤 했습니다.

그런데 성경을 보니까 저와 똑같은 사람이 있는 것입니다. 눈이 나쁜 레아, 성경에서는 거의 유일하지 않습니까? 바울도 안질이 있었다고는 하지만 확실히는 모르는 부분이고, 여하튼 성경 인물 중에서 확실하게 눈이 나쁜 사람은 레아입니다.

제가 눈이 나쁘긴 했지만 눈 나쁜 현실이 항상 불리했던 것은 아닙니다. 저는 한 달에 50여 권 이상의 책을 읽습니다. 그래서 제 후배들이 그 비결을 물어봅니다. 처음엔 어떻게 그 많은 책을 읽느냐고 하더니 요즘에는 어떻게 정리하느냐고 묻습니다. 저는 그냥 줄만 긋고 필요한 부분은 접어 놓고는 넘어갑니다. 그런데 한 10년 전에 읽었던 책도 기억이 납니다. 그걸 어떻게 기억하냐고요? 그냥 기억이 납니다.

이에 대해서 제가 스스로 분석해 보니까, 시력이 나빠서 6년 동안 듣고 외워 버리는 게 몸에 배서 그런 거 같습니다. 메모 몇 줄만 적어 놓아도 그게 정보를 불러낼 수 있는 코드가 됩니다. 몇 줄만 보면 더 많은 정보가 기억이 나는 것입니다. 이 사실을 발견한 후에는 이런 질문을 받을 때마다 이렇게 대답해 주고 싶었습니다. "당신도 눈 나빠서 한번 6년 동안 나처럼 살아 보세요."

결국, 눈이 나쁘다는 현실이 제게는 오히려 복이었습니다. 한순간의 불리함이 영원한 불리함은 아닌 것 같습니다. 하나님이 다른 것에 은혜를 주시니까요.

또 하나, 레아가 저랑 유사한 점은 못생겼다는 것입니다. 레아가 못생겼다고 하는 말은 없지만, 라헬이 예쁘다고 하면서 레아에 대해서는 침묵하는 것을 보니, 그렇게 짐작이 되는 것입니다. 사람들은 대개 못생긴 것에 대해서는 침묵합니다. 레아의 외모에 대해서 말을 안 하는 것을 보니 그녀가 못생긴 것 같습니다.

저도 얼굴에 자신이 없습니다. 철들고 난 다음에 거울을 보고 놀랐습니다. 사실 저는 이렇게 생기고 싶지 않았습니다. 눈도 좀 쑥 들어가면서 크고 괜찮은 모습으로 살고 싶었는데 이렇게 험하게 생겨났습니다. 아마 레아는 여자니까 외모에 대해서 저보다 더 고민했을 것입니다.

야곱이 라반의 집에 가서 첫눈에 반한 여자가 레아의 동생 라헬입니다. 그래서 제안을 합니다. "내가 외삼촌의 작은딸 라헬을 위하여 외삼촌에게 칠 년을 봉사하리이다"(창 29:18). 야곱은 라헬을 얻기 위한 그 칠 년을 수일같이 여기며 기다렸습니다. 도대체 얼마나 예쁜 여자면 칠 년이 수일같이 지나갑니까? 그러니까 이런 표현을 썼다는 것은 무지 예쁘다는 것입니다. 그런데 레아는 그렇지 않았습니다.

칠 년이 지나자 아버지가 딸을 부릅니다. 라헬을 불러야 하는데 레아를 불러놓고 말합니다. "앉아라. 너도 스스로를 알 것이다. 너는 정상적인 방법으로는 시집가는 것이 불가능하다. 그러니까 오늘 저녁 야곱의 침실에 들어가라. 그런데 아침이 될 때까지 아무 소리도 하면 안 된다." 그 얘기를 들었을 때 레아의 마음이 어떠했겠습니까? 제 생각엔 죽고 싶었을 거라고 생각합니다. 내가 도대체 여자가 맞나 하면서 말입니다.

여자들은 모두 결혼식에 대한 환상이 있습니다. 굉장한 꿈이 있습니다. 그래서 결혼식 때 보면 여자들이 웨딩드레스에 신경을 많이 씁니다. 사실 결혼식 가서 웨딩드레스 보는 사람이 몇이나 있습니까? 대부분의 사람들은 드레스에 관심을 갖지 않습니다. 주례인 저도 그렇게 주례를 많이 했지만 신부가 어떤 웨딩드레스를 입었는지 기억나는 것이 하나도 없습니다. 레이스가 두 줄인지 세 줄인지, 등이 파였는지 올라왔는지 전혀 기억이 안 납니다. 그런데 아무도 신경을 안 쓰는 웨딩드레스에 여자들은 엄청난 투자를 합니다. 보통은 빌리지만, 어떤 여자들은 수백만 원씩 들여 가며 사 입기도 합니다. 선금을 걸어 놓고 나와서 옆집에 더 예쁜 드레스가 보이면 다시 맞추기도 한답니다. 아무도 안 본다고 말려도 선금 포기하고 또 맞추는 것입니다.

비난하자고 이런 예를 드는 것이 아닙니다. 여자들이 그만큼 결혼에 대한 환상이 있다는 것을 말하는 것입니다. 신부가 될 여자들은 "결혼식 날은 나의 날이고 정말 중요한 날"이라고 생각하여 그날을 위해 많은 것을 투자해도 아까워하지 않는 것입니다.

그런데 레아를 보십시오. 불쌍하지 않습니까? 눈물이 나오지 않습니까? 그럴 기회를 원천적으로 봉쇄당한 것입니다. 동생 대신 신방에 들어가는 것입니다. 많은 사람들이 성경에서 이 부분을 접할 때 라헬을 더 생각하는 경향이 있어서 그냥 넘어가지만, 레아의 심정을 생각해 본다면 무척 가슴이 아플 것입니다. 저는 레아를 많이 묵상했기 때문에 그 마음을 상상할 수 있습니다. 아마 저만큼 레아 심정을 잘 이해하는 목사도 없을 것입니다.

레아는 아버지의 말을 들으면서 마음이 찢어지는 고통을 겪었는데,

그 다음날 아침, 또 한 번 비참해졌으리라 생각합니다. 아침이 되었습니다. 아마도 야곱이 놀랐겠지요. "아니, 이게 누구야? 당장 나가. 꺼지라니까." 그러면서 베개 집어 던지고 옆에 있는 물건도 집어 던지고, 왜 얘기를 안 했냐고 펄펄 뛰었을 것 같습니다. 그러다가 딱딱한 것에 맞아서 피가 났을 수도 있을 것입니다. 그랬을 때 레아는 아마도 피를 닦으면서 울었을 것입니다. 저는 이 상황을 그려보면서 진짜 제가 그 상황에 있는 것 같았습니다. "사는 게 이게 뭐야? 아버지한테 무시당하고 첫날밤에 사기 결혼하고 남편한테 맞아서 이마는 찢어지고…." 아마도 보통 사람 같았으면 "죽어 버려야지. 날 외면하는 이 세상, 불이나 질러 버려야지"라고 했을 것입니다. 그런데 레아는 그러지 않았습니다. 저는 레아의 강점이 여기 있다고 생각합니다. 그 순간 레아의 감성이 움직이기 시작했습니다. 하나님의 은혜를 구했다는 것입니다.

제가 제일 좋아하는 단어가 바로 이 '은혜'입니다. "하나님, 은혜를 부어 주십시오." 저도 그렇게 기도하며 목회를 시작했습니다. 저는 목회자로서의 자질이 별로 없습니다. 제가 압니다. 저를 비난하는 사람도 있는데, 다른 사람이 비난할 필요도 없이 제가 더 잘 압니다. 저는 그보다 더 못한 사람이니까요. '내가 어쩌다가 목회자가 되었나?' 그런 생각도 듭니다. 전 자전거 탈 때가 훨씬 더 행복합니다. 원래 있어야 할 자리에 있는 것 같고 그렇습니다. 제가 어떻게 목회를 하고 있는 건지 저도 압니다. 그래서 항상 제가 구하는 게 은혜입니다. "하나님 은혜를 부어 주십시오. 제 능력 가지고는 안 됩니다. 하나님이 은혜를 부어 주셔야만 합니다."

레아도 그랬던 것 같습니다. 부족하니까 하나님의 은혜를 부어 달라고 기도했을 것입니다. 그래서 레아하고 저하고 유사점이 참 많다는 것입니다. 너무나 부족해서 하나님의 은혜를 구할 수밖에 없었던 레아는 야곱의 열두 아들 가운데 반수인 여섯 명을 낳았습니다. 하나님이 대단한 은혜를 주신 것입니다. 아마도 남편 야곱과 잠자리를 그리 자주 갖지도 못했을 것입니다. 야곱이 라헬을 좋아하니까 아무래도 라헬과 함께 있는 시간이 많았겠지요. 그런데 레아와 의무적으로나마 잠자리를 같이 하면 임신이 잘되는 것입니다. 은혜는 이런 것입니다. 횟수가 많다고 되는 게 아닙니다. 은혜가 임하면 기회가 적더라도 항상 열매는 많습니다.

그래서 아들을 차례로 네 명이나 낳았는데 첫째 아들이 르우벤입니다. 그때는 아들을 낳으면 여자들에게 이름을 짓는 권한이 있었던 것 같습니다. 그래서 레아가 낳은 아들들의 이름을 보면 모두 레아의 신앙 고백이 담겨 있습니다. 르우벤, 이 말은 '보라, 아들이다' 라는 뜻입니다. 별 의미는 없습니다. 낳았는데 보니까 아들이어서 "아, 아들이네"라고 지었습니다. 둘째 아들은 시몬입니다. 시몬이나 사무엘 다 똑같은 뜻인데 '들으심' 이라는 뜻입니다. 하나님이 내 기도를 들으셨다는 것입니다. 셋째 아들 이름은 레위, '연합한다' 는 뜻입니다. "내가 하나님과 연합하겠습니다"라는 의미입니다. 넷째는 유다입니다. '찬송하리로다' 는 뜻입니다. 이 이름들을 보면 모두 다 신앙 고백입니다. 하나님이 내게 은혜를 주셨다는 멋진 고백입니다. 이런 사람이 바로 레아였습니다.

그런데 언니가 줄줄이 아들을 넷이나 낳으니까 동생 라헬이 질투가 나기 시작합니다. 그러면 라헬이 어떻게 해야 합니까? 하나님께 기도해야 합니다. "하나님, 언니는 애를 줄줄이 낳는데 왜 저는 못 낳습니까? 예쁜 게 죄입니까?" 라헬이 만약 그랬다면 하나님이 기꺼이 태를 열어 주셨을 것입니다. 그런데 라헬은 기도를 하지 않습니다. 기도를 안 하니까 어떤 일이 벌어집니까? "라헬이 자기가 야곱에게 아들을 낳지 못함을 보고 그 형을 투기하여 야곱에게 이르되 나로 자식을 낳게 하라 그렇지 아니하면 내가 죽겠노라"(창 30:1). 이런 강짜가 어디 있습니까? 자기로 하여금 아들을 낳게 하랍니다. 그렇지 않으면 죽겠다고 합니다. 그랬더니 야곱이 화가 나서 "그대로 성태치 못하게 하시는 이는 하나님이시니 내가 하나님을 대신하겠느냐"(창 30:2)고 말합니다. 하나님은 이런 여자를 인정하시지 않습니다. 기도가 없기 때문입니다.

레아와 라헬을 통해 볼 때, 모든 조건을 다 갖추고 기도 없이 사는 것보다는 조금 부족하더라도, 열등감을 갖더라도, 하나님께 부르짖으면서 은혜를 구하는 게 훨씬 나은 삶입니다. 성경에 나오는 믿음의 사람들이 지닌 공통된 특징이 무엇입니까? 은혜로 승리했다는 것입니다. 성경의 이야기는 은혜가 승리했다는 이야기입니다. 목회는 은혜로 해야 합니다. 악으로 하는 것이 아닙니다. 우리의 삶도 마찬가지입니다. 라헬처럼 악을 쓰면 안 됩니다. 레아처럼 은혜를 구해야 합니다.

결국 라헬은 자기가 아이를 낳지 못하자 시녀 빌하를 야곱에게 첩으로 줍니다. 그래서 얻

은 아들이 단입니다. '억울함을 푸심'이라는 뜻입니다. 아이 이름 가지
고 장난치는 것도 아니고 '단'이 뭡니까? 생각해 보십시오. "억울함을
푸심, 물 좀 가져와." "억울함을 푸심, 문 좀 닫아." 아마도 단은 자기 이
름이 불릴 때마다 상처를 입었을 것입니다. 그러니까 이름 짓는 것만 봐
도 라헬의 인간성을 알 수 있습니다.

그 다음에 또 한 명을 낳습니다. 납달리입니다. 납달리의 뜻은 '경쟁
함'입니다. 라헬의 정신 구조가 어떤지 짐작이 가는 이름입니다. "언니
는 아들을 네 명 낳았지, 나도 이제 둘을 낳았어. 4대2니까 이제 경쟁을
할 만하지? 둘만 더 낳으면 동점이다. 역전도 가능하겠네." 이런 식입
니다.

이 광경을 보고 과연 하나님이 그대로 놔두시겠습니까? 하나님은 레
아의 태문을 여셔서 또다시 아들 둘을 주십니다. 잇사갈과 스불론입니
다. 잇사갈은 '복되다'는 뜻입니다. 하나님께서 복을 주셨다는 말입니
다. 스불론은 '거한다'는 뜻입니다. 하나님 앞에 거한다는 것입니다.

레아가 낳은 아이들의 이름은 전부 믿음의 고백입니다. 하나님의 은
혜에 대한, 하나님이 나를 붙들어 주시고 인도해 주셨다는 고백입니다.
나중에 야곱이 죽고 난 다음에 누구랑 합장되었습니까? 레아입니다. 야
곱의 진정한 부인은 레아였던 것입니다. 레아는 모든 것이 최악이었습니
다. 그러나 최악의 조건에 놓여 있던 한 여자가 거기서 원망하거나 좌절
하지 않고 하나님의 은혜를 구해서 승리했습니다.

우리는 레아 같은 사람이 되어야 합니다. 부족함 없는 사람이 어디 있
습니까? 열등감 없는 사람이 어디 있습니까? 우리는 다 부족한 사람들입

니다. 하지만 하나님의 은혜를 구하면 승리합니다. 하나님의 은혜를 구한다는 것은 기도하는 것입니다.

기도하지 않는 것은 게을러서가 아닙니다. 믿음이 없기 때문에 기도가 없는 것입니다. 우리는 모두가 은혜로 말미암아 구원을 얻었고, 은혜로 말미암아 살며, 앞으로도 은혜로 살아가야 할 사람들입니다. 당신의 모든 사역 가운데 이런 은혜의 강물이 흘러넘치길 기도합니다.

저는 목사나 성도들이 하나님의 은혜에 얼마큼 매달려 있는가로 교회의 영적 상태를 측정합니다. 모든 성도들이 날마다 하나님의 은혜를 구하고 거기에 초점을 맞춘다면 그 교회는 되는 교회입니다. 하나님의 은혜를 사모하고, 하나님의 은혜를 추구하고, 하나님의 은혜를 누리고, 하나님의 은혜를 찬미하는 것, 그것이 우리를 살립니다.

야성 – 보좌를 움직이는 열정

마지막으로 감성에서 살펴볼 부분은 야성입니다. 믿음에는 야성이 있어야 합니다. 요즘에는 사역자들도 그렇고, 교회도 그렇고 야성을 많이 잃어버렸습니다. 너무 공부만 하는 것 같습니다. 공부를 너무 많이 해서 교회가 잘 안 되는 것 아닌가 하는 생각까지 듭니다.

한 교단의 이야기를 하나 하겠습니다. 언젠가 교단에서 발행하는 신문을 봤는데, 사역자 모집 광고가 있었습니다. 부목사를 뽑는 광고인데 하도 재미있어서 스크랩을 해놓았습니다. 거기 보니까 교회가 부목사 될 사람에게 요구하는 몇 가지 조건이 있습니다.

첫째, 운전면허 일종 보통 면허를 갖고 있을 것. 교회 승합차 운전을 시키겠다는 얘기지요.

둘째, 성가대 지휘 가능자. 성가대 지휘까지 시키겠다는 것이죠.

셋째, 찬양 리더 유경험자. 위의 둘도 모자라서 찬양 예배 인도까지 시키겠다는 것입니다.

넷째, 파워 포인트, 엑셀, 홈페이지 관리 가능자. 사역자를 뽑겠다는 건지, 웹마스터를 뽑겠다는 건지 모르겠습니다.

다섯째, 영어 회화 가능자. 단기 해외 선교 인솔이 가능해야 한다는 말입니다.

그밖에도 출판이나 전문 강의 유경험자 등 여러 가지 자격 요건이 제시되어 있었습니다.

이런 조건을 다 갖춘 전도사나 목사가 있겠습니까? 놀랍게도 있습니다. 없어야 되는데 안타깝게도 있습니다. 이런 사람을 구하니까, 전도사님들이 무지 바쁩니다. 이런 요건을 충족시키기 위해 자격증 따러 다니느라 바쁩니다. 그래서 무슨 세미나가 있다고 하면 우르르 몰려갑니다. G12니 셀이니 하면서 여기 가서 듣고, 저기 가서 듣고 그러면서 점점 바보가 되어가는 것입니다. 이런 조건을 갖춘다고 목회를 잘합니까? 결코 아닙니다. 제가 신학교 다닐 때는 전혀 이렇지 않았습니다.

제가 결혼한 지 일 년째 되던 해에 제 처가 임신을 해서 다니던 은행에서 퇴직을 하고 집에 있었습니다. 저도 신학생이었으니까 방학 때가 되면 부부가 같이 집에서 지내게 되었습니다. 제가 원래 굉장히 가정적인 남편이기 때문에 아침도 집에서 먹고, 점심도 집에서 먹고, 저녁도 집에서 먹고 그랬습니다. 그렇게 한두 달 하니까 아내가 신혼인데도 이렇게 말합니다. "아니, 무슨 남자가 세 끼를 다 집에서 먹어요?" 얼굴 표정을 보니 '귀찮아 죽겠다'는 표정입니다.

그 말을 듣고 나니, 아침을 먹고 나가기는 해야 하는데 갈 데가 없는 것입니다. 진짜 한 군데도 없었습니다. 그래서 할 수 없이 수유리에 있는 한 기도원엘 갔습니다. 참 좋았습니다. 거기 가서 점심도 먹고, 아는 사람 불러 모아서 족구도 했습니다. 제가 족구를 잘하는데, 이렇게 족구하기 좋은 곳이 있었구나 하면서 열심히 했습니다. 거기 식당에는 이북에서 피난 오신 분이 있었는데, 국을 굉장히 맛있게 끓였습니다. 그 국 한 그릇 먹고 오후에 족구 한 게임 뛰고 이러면서 하루를 지냈습니다. 그러고 나서 집에 오니까 하루가 금방 지나가고 의욕도 넘쳤습니다.

매일 그렇게 하면서 한 2주를 지내니까 기도원에 활력도 넘치고 사람들이 모여들었습니다. 그런데 하루는 기도원의 부원장님이 절 불러서 갔더니, 저 때문에 기도원 분위기가 흐려지고 있다면서 한마디 하는 것이었습니다. "여기는 기도하는 곳이지 체육관이 아닙니다." 그 다음부터는 눈치를 주면서 족구를 못하게 했습니다.

저는 또 갈 곳이 없어진 것입니다. 어쩔 수 없이 산에 있는 기도실에 가서 기도를 했는데 기도도 잘 안 되고 해서 성경을 읽었습니다. 그런데 성경이 잘 들어오나요? 피곤하니까 자고, 잠자리가 불편하니까 다시 깨고, 일어나 성경 읽다가 기도하다가 그랬습니다. 그때 참 많이 울었습니다. 너무 억울하고 서러워서 울었습니다. "다니던 증권 회사나 계속 다닐

걸, 괜히 이게 뭔 꼴이냐? 집에서 쫓겨나고 기도원에서 쫓겨나고 이게 뭐냐?” 하면서 울었습니다.

그러다가 제가 거기서 성령 세례를 받았습니다. 기도하다가 성경 읽다가, 성경 읽다가 기도하다가 하면서 기도의 문이 터지기 시작하는데, 정말 하나님의 은혜가 뭔지 알 수 있었습니다. 딱 불 받았다는 표현이 맞습니다. 그러고 나서 교회에서 설교를 하는데 설교에 힘이 있습니다. 소위 말해서 설교가 먹히는 것입니다. 그때 제가 초등학교 4, 5, 6학년을 가르쳤는데, 설교 때면 떠들던 아이들이 조용하게 설교를 듣더니 변하기 시작했습니다. 그때 ‘이게 하나님의 능력이구나. 설교의 능력이구나’ 하면서 하나님의 은혜를 깨닫게 되었습니다.

그 당시에는 기도를 정말 많이 했습니다. 믿음의 선배들이 소나무 뿌리가 뽑히도록 기도했다는 이야기가 생각나서 저도 소나무 뿌리 하나 잡고 몇 달을 기도하기도 했습니다. 그런데 실제로 해 보니까 소나무 뿌리는 뽑히지 않았습니다. 그래서 고민을 했습니다. 신실한 분들이 왜 거짓말을 했을까? 왜 뽑히지도 않는 소나무 뿌리가 뽑힐 때까지 기도하라고 하셨을까?

그런데 그 말이 거짓말이 아니라, 이런 해석이 가능했습니다. 여자들이 옛날에 애를 낳을 때 천장에 줄을 하나 매달아 놓고 그것을 붙잡고 온 힘을 다 써서 아이를 낳았듯이, 모든 힘을 다 쏟아 부어서 기도하라는 말씀이었던 것입니다. 그 힘으로 기도했던 믿음의 선배들 때문에 우리 한국 교회가 부흥한 것입니다.

지금도 교회의 부흥을 위해서는 하나님 외에는 대안이 없습니다. 하나님이 답입니다, "하나님 살려 주십시오", "하나님 도와주십시오"라고 부르짖는 야성의 기도가 답입니다. 이제껏 이 야성이 우리를 살렸습니다. 자격증이 아니라 이 야성을 길러야 합니다.

삼일교회 초창기 때 있었던 일입니다. 지금은 모두 부목사가 되었는데 11년 전에는 모두 제가 가르쳤던 제자였습니다. 겨울에 추울 때 그 멤버들과 함께 기도하러 산에 자주 올라갔습니다. 영하 15도씩 할 때인데, 기도원에 도착하면 비닐 하나씩 나눠 주고는 "지금이 밤 11시니까 아침 6시까지 기도하고 만나자" 하고는 각자 기도하기 시작합니다. 비닐 하나 뒤집어쓰고 기도하기 시작해서 한 시간 정도 지나면 비닐에 습기가 차면서 온몸에서 열이 납니다. 그러면 사방 5m 안에 있는 눈이 다 녹습니다. 실제로는 앉은 자리만 녹지만 느낌은 주변이 다 녹는 것 같습니다.

그런 야성이 있었습니다. 그런 힘을 가지고 사역을 하니까 무서울 게 없는 것입니다. 그들은 지금 천여 명의 영혼을 맡고 있는 거장들이 되어 있습니다. 이런 기도의 야성이 있다면 어떤 싸움도 다 이겨낼 수 있는 것입니다. 이 야성이 우리 한국 교회를 살렸습니다. 그리고 저는 우리 젊은 이들에게 그 야성을 전달해 주고 싶습니다.

요즘 찬양들을 보면 대개 부드럽습니다. "두 손 들고 찬양합니다", "주께 와 엎드려 경배드립니다" 같은 곡을 보면 잔잔합니다. 서양 사람들에게 하나

교회의 부흥을 위해서는 하나님 외에는 대안이 없습니다. 하나님이 답입니다, "하나님 살려 주십시오", "하나님 도와주십시오"라고 부르짖는 야성의 기도가 답입니다. 자격증이 아니라 이 야성을 길러야 합니다.

님은 저 멀리 계신 분, 감히 범접을 못할 분, 이렇게 생각됩니다. 우리 한국에서는 어떻습니까? "하나님의 보좌를 움직이는 기도를 드리자"고 합니다. 겁도 없습니다. 하나님 앞에 나가서 "하나님!!" 이러는 것도 아니고 보좌를 흔든답니다. 기도 안 들어주시면 보좌를 흔들어서 어지럽게 만들겠다는 것도 아니고, 이런 겁 없는 표현이 또 어디 있겠습니까? 그러나 바로 이것이 한국의 야성입니다. 우리가 이런 야성을 너무 많이 잃어버린 것 같습니다. 우리가 정말 보좌를 흔드는 심정으로 기도하고 영적인 싸움을 벌인다면 그 어떤 일에도 능히 승리할 수 있다고 믿습니다.

"거친 믿음의 야성에 불을 붙이라"

우리 모두가 영성과 지성, 감성에 있어서 균형 잡힌 그리스도인이 되고, 그래서 하나님의 사역을 능력 있게 감당하는 믿음의 종이 될 수 있기를 소망합니다.

감성은 정말 중요합니다. 인간은 감성 때문에 움직이는 존재라고 할 만큼 감성이 미치는 영향은 강력합니다.

함께 살펴본 대로 감성의 중요한 영역이 세 가지가 있습니다. 살아가면서, 또한 사역하면서 중요한 감성이 유머와 은혜와 야성입니다.

유머는 기쁨을 전달해 주는 것으로서 유머를 활용하는 것은 초월의 능력이라고 했습니다. 또 하나가 은혜입니다. 우리는 하나님을 만날 때 감성으로 만납니다. 참 중요한 부분입니다.

그리고 야성입니다. 거친 믿음의 야성이 우리 삶 가운데 다시금 불붙을 수 있다면 하나님의 영광의 날을 맛보는 날이 멀지 않다고 생각합니

다. 우리 모두가 영성과 지성, 감성에 있어서 균형 잡힌 그리스도인이 되
고, 그래서 하나님의 사역을 능력 있게 감당하는 믿음의 종이 될 수 있기
를 소망합니다.

영성 과의 만남

| 강준민 |

1 영성이란 무엇인가?

영성은 예수님의 본성을 우리 안에 심고 그분을 닮아가는 것입니다.

제가 영성에 대해 관심을 갖게 된 것은 제 자신의 영성에 문제가 많아서였습니다. 개인적으로 영혼의 관리가 잘되지 않던 때가 있었습니다. 그래서 어떻게 하면 영혼 관리를 좀 잘할 수 있을까 고민하다가 그 몸부림 가운데서 나온 열매가 지금의 영성 훈련이 아닌가 합니다.

영성, 영성 훈련

우리가 영성에 대해서 많이들 이야기하는데 과연 영성이라는 게 무엇일까요? 정의하는 것은 늘 어려운 작업입니다. 마치 사랑이 무엇인가 정의하기 어려운 것처럼, 또 물을 표현하기 어려운 것처럼 영성이란 것도 정의하기가 어렵습니다. 이렇게 무언가를 정의할 때 조심해야 할 것이 있습니다. 내가 정의한 것의 노예가 되어서는 안 된다는 것입니다. 보통 우리는 어떤 생각에 골몰하면 그것만 고집하고 그 개념에만 집착합니다. 그렇게 되면 스스로 정의에 묶여서 개념 자체를 우상화할 수 있습니다. 그러면 다른 것을 볼 수 없습니다.

따라서 항상 유연해야 됩니다. 더 발전된 개념에 대해 문을 열어 놓는 훈련이 필요합니다. 그런 면에서 영성도 여러 가지 관점으로 이해하고 또 다양한 색깔을 수용하는 게 필요하다는 생각이 듭니다.

그럼에도 불구하고 영성에 대해서 정의하자면 저는 이렇게 이야기하고 싶습니다. "영성이란 성령님 안에서 말씀을 통해 그리스도를 닮아가는 것이다." 영성을 추구한다는 것은 비본성적인 것들을 내 존재의 한 부분이 되게 하는 것입니다. 즉 비본성적인 것을 내 안에 집어넣는 것입니다. 원래 내게 없던 것들인데 내 존재 속으로 스며들게 하는 것입니다. 우리 안에는 원래 그리스도께서 계시지 않았는데 내 밖에 있던 분이 내 안에 들어와서 나를 만들어 가는 것입니다.

쉽게 말해 새로운 성향이 우리 안에 들어온 것입니다. 그 성향은 예수님의 생명의 성향입니다. 사랑하고 싶고 하나님과 교제하고 싶고 사람들을 용서하고 이해하고 싶은 성향입니다.

우리가 비본성적인 것들을 추구하게 되면 우리 삶 가운데 많은 문제가 생깁니다. 그 이유는 우리의 본래적 성품과 서로 충돌하기 때문입니다. 우리가 노력하지 않아도 되는 것들 중 하나가 무엇인 줄 아십니까? 바로 누군가를 미워하는 것입니다. ‘질투를 잘하는 법’, ‘더 많이 화내는 법’ 이런 것들은 세미나를 할 필요가 없습니다. 너무나도 자연스러운 것이기 때문이죠. 우리는 노력하지 않아도 짜증이 나고 화가 납니다. 우리 본성이기 때문입니다.

그런데 비본성적인 것, 사랑이라든지 남을 섬기는 것이라든지 자신을 낮추는 겸손, 온유, 이런 것들은 저절로 되지 않습니다. 우리의 본성이 아니기 때문입니다. 그것은 그리스도의 본성입니다.

이렇게 그리스도의 본성을 내 안에 심는 작업이 영성을 추구하는 작업입니다. 비본성적인 것을 내 안에 심어서 그것이 내 존재 속에 스며들게 만드는 일, 이것이 영성 훈련입니다. 이것은 한두 번의 시도로 가능해지지 않습니다.

우리가 예수님을 믿고 영접하는 순간, 우리 안에 비본성의 씨앗이 들어왔습니다. 그리고 이 생명의 씨앗은 자라기를 기다리고 있습니다. 우리는 우리 안에 들어온 새 생명을 키워야 합니다. 그 작업이 영성 훈련의 작업입니다. 비본성적인 것들이 내 안에 들어와서 나의 존재가 되어 가고, 내 안에 스며들어 내 본성이 되는 과정입니다. 영성을 추구하는 마음뿐만 아니라 훈련을 통해서 우리의 영성이 자라나는 것입니다.

내 삶에 흘러든 말씀의 은혜

부족한 자에게 부어진 은혜

제 삶을 돌이켜보면 예전의 저와 지금의 저 사이에는 엄청난 간격이 있습니다. 이 정도로 변화된 것 자체가 가장 큰 기적이 아닌가 생각됩니다. 저는 제 자신을 보면서 스스로도 놀랍니다. 경이롭기까지 합니다. 환경적인 면에서, 능력 면에서, 성품 면에서 저는 도저히 이 자리에 있을 수 없는 사람이었습니다.

저는 바느질집 아들이었습니다. 저희 어머니는 삯바느질을 해서 저를 키우셨습니다. 어릴 적부터 살아온 환경이 아주 절망적이었습니다. 너무 어렵게 성장했기 때문에 스스로를 보면서 항상 이렇게 말했습니다. "너는 되는 일이 없다." 그리고 그렇게 확신했습니다. 내가 나를 봐도 인생의 싹수가 노랬던 것이지요. 그랬던 제 삶 속에 하나님이 찾아오시고 하나님의 은혜가 부어졌습니다. 그러자 별 볼일 없던 제 삶에 놀라운 변화가 일어났습니다.

원래 저는 공부를 잘했던 사람도 아닙니다. 여러 곳에서 간증했지만, 초등학교 때는 63등을 한 적도 있습니다. 정말 대단하지 않습니까? 63등을 하는 것도 쉬운 일은 아닙니다. 어찌 보면 그렇게까지 못하기도 어려운 것입니다. 당시 저는 하나님의 질서에 굉장한 공헌을 한 것입니다. 누군가는 63등을 해야 하니까요. 제가 그 자리에 있었던 것입니다. 저는 이처럼 지성이 계발된 사람도 아니고, 대단히 위대한 꿈을 가져 본 적도 없는 사람입니다. 다만 하루하루 은혜 안에서 살아가다 보니 그 걸음걸음이 여기까지 이르지 않았나 생각됩니다.

미국 유학을 준비할 때도 토플 시험을 잘 보지 못했습니다. 그러다 보니 학교에 들어갈 때 좀 어렵게 들어갔습니다. 어떤 분은 졸업하는 게 걱정이라는데 저는 들어가는 것부터 걱정이었습니다. 결국 조건부 입학에 속하는 수습 학생으로 학교에 들어갔습니다. 한 학기 해 보고 잘하면 받아 주는 조건으로 입학한 것입니다. 이처럼 인간적인 노력이나 인간적인 생각으로는 도저히 불가능한 길을 제가 걸어왔습니다.

저는 지금 동양선교 교회라는 참 좋은 교회에서 목회를 하고 있습니다. 이 교회가 어떤 교회냐면 한국 이민 교회사를 상징하는 참 오래된 교회입니다. 그 유서 깊은 교회가 저를 담임 목사로 청빙했습니다.

처음 청빙 제안을 받았을 때 제가 응할 수 없다고 말씀드렸는데도 청빙위원 장로님들이 간곡하게 부탁을 해 왔습니다. 몸이 좀 약하다고 말씀드렸더니 괜찮다고 했습니다. 교회에 의사가 족히 50명은 되니 걱정하지 말라고 했습니다. 박사 학위도 없다고 하니까 그래도 괜찮다고 했습니다. 우리 교회는 박사가 아니라 목사를 원한다고 했습니다. 또 제가 영어를 잘 못한다고 하니까 그래도 괜찮다고 했습니다. 영어가 목회를 결정해 주는 건 아니라고 하면서 청빙에 응해 줄 것을 강청했습니다.

이렇게 전체적인 제 삶을 돌아볼 때 제 안에 임한 하나님의 은혜는 참으로 놀랍고 경이롭습니다. 영성을 추구하면서 변화된 제 본질적인 모습도 마찬가지입니다.

속사람을 변화시키는 영성

저는 굉장히 소극적이고 속이 좁은 사람이었습니다. 민감한 사람이 아니라 예민한 사람이었습니다. 민감성은 고상한 표현이지만 예민성은 좀 고약한 표현입니다. 제가 그렇게 예민했습니다. 게다가 성격도 못되고, 고집 세기로 유명한 반 곱슬머리에 옥니에 강 가(家)입니다. 종합해 보면 아주 복잡하고 머리 아픈 사람입니다. 그런 제가 지금은 참 편한 사람이 되었습니다. 제가 스스로를 봐도 편합니다. 예전에는 참 불편했습니다. 스스로를 무자비하게 비판하고 가장 많이 정죄하면서 항상 자신을 못살게 굴었기 때문입니다.

당시 제가 말씀 가운데 오해한 부분이 있었는데, "자기를 부인하라"는 말씀이었습니다. 저는 주님의 이 말씀을 자기를 학대하라는 말로 잘못 이해했던 것 같습니다. 자기 부인을 자기 멸시와 자기 경멸로 받아들인 것입니다. 이런 잘못된 지식으로 인해 제 삶은 점점 어려워졌습니다. 주님은 결코 그런 뜻으로 말씀하신 적이 없는데 말입니다.

주님은 우리 삶 속에 진정한 자존감과 자부심을 심어 주시면서 거기에서부터 모든 섬김과 자기 부인이 시작된다고 가르쳐 주십니다. 사람들이 예수님께 "당신이 그리스도입니까?"라고 물었을 때 주님은 한 번도 아니라고 대답하시지 않습니다. 그 문제만큼은 언제나 "Yes, I am." "내가 그렇다"고 말씀하셨습니다.

예수님의 삶을 살펴보면 자신의 정체성에 대해서만큼은 항상 분명하셨던 것을 볼 수 있습니다. 그 정체성을 기반으로 하나님의 아들임에도 불구하고 스스로 하나님 됨을 포기하시고 이 땅에 내려오신 것입니다. 동일하게 주님은 우리에게 우리 자신을 진정으로 사랑하라고 말씀하십니다. 자신을 경멸하고 학대하고 멸시하라고 하시지 않았습니다.

이 진리를 깨달으면서부터 제 삶에도 변화가 오기 시작했습니다. 하나님의 은혜를 경험하며 주님의 새로운 영성을 받은 것입니다. 비판적이고, 날카롭고, 옳고 그름만을 따지던 제가 바뀌기 시작했습니다.

사실 옳고 그름을 따지는 것은 율법이자 사탄이 하는 일입니다. 주님의 복음은 품어 주고 연결시켜 주고 덮어 주는 것입니다. 사탄은 율법의 잣대로 우리를 정죄하고 죄책감을 심어 주어서 우리와 하나님 사이를 멀어지게 합니다. 하지만 성령님은 우리로 죄를 깨닫게 하셔서 회개하고 그분께 가까이 가게 하십니다. 예수님도 우리를 변호하시고 우리 죄를 친히 감당하셔서 완전히 덮어 주십니다. 그런데 그걸 잘 몰랐던 것입니다.

목회 초기에는 '젊은 목회자면서 좋은 목회자의 이미지' 하면 날카롭고 예리하고 말씀을 잘 쪼개는 사람을 떠올렸습니다. 그렇게 말씀을 잘 쪼개며 목회를 하다 보니 말씀만 쪼개지는 것이 아니라 교회도 쪼개지는 것이었습니다. 나중에야 깨달았는데, 성령님의 사역은 연결시키는 것이었습니다. 서로 관련을 맺게 하시고 연결 지어 주시는 것입니다. 그런데 저는 자꾸 쪼개려고 했습니다. 저의 문제는 바로 자신의 잘못된 이미지에 있었습니다.

그래서 그 다음부터는 이미지를 바꿨습니다. 돌아온 탕자를 품에 안으시는 아버지의 모습으로 말입니다. 그것이 가장 좋은 목회자의 이미지가 아닌가 생각됩니다. 인자한 아버지, 아들이 나가서 죄를 지어도 이미

다 용서한 아버지, 탕자 아들이 돌아왔을 때 한 번도 잘못을 캐묻지 않은 아버지, 탕자 아들을 위해 축제를 베풀었던 아버지, 새 신과 새 옷과 송아지를 준비했던 아버지…. 그 아버지의 모습이 우리 하나님의 모습 아니겠습니까? 그래서 그런 아버지 같은 목자가 되고 싶다는 생각을 했습니다. 그러면서 은혜의 영성을 추구하게 되었고, 그 과정에서 제 자신이 많은 은혜를 받게 되었습니다.

균형 잡힌 영성

영성을 추구하는 과정에서 중요한 것이 있습니다. 바로 균형입니다. 한쪽으로 치우치는 것은 자칫 위험할 수 있습니다. 균형은 자연스러움이고 질서입니다. 질서가 있으면 자연스럽습니다. 병은 질서가 어긋난 것입니다. 장애나 정신적 질환이 있는 상태를 영어로 흔히 'disorder'라고 합니다. dis-order, 즉 질서가 무너졌다는 뜻입니다.

자연스러움은 또한 편안한 것입니다. 질병이라는 뜻을 가진 영어 단어 'disease'를 풀어보면 dis-easy, 뭔가 쉽지 않은 것이라는 뜻입니다. 영성은 균형과 조화를 이루어야 합니다. 균형 잡힌 영성, 조화로운 영성

영성을 추구하는 과정에서 중요한 것이 있습니다. 바로 균형입니다. 한쪽으로 치우치는 것은 자칫 위험할 수 있습니다. 균형은 자연스러움이고 질서입니다. 질서가 있으면 자연스럽습니다. 균형 잡힌 영성, 조화로운 영성은 삶을 자연스럽게 하고 유연하게 하며 행복하게 합니다.

은 삶을 자연스럽게 하고 유연하게 하며 행복하게 합니다.

그런데 흔히들 영성이라고 하면 "주여!" 하면서 큰 소리로 기도하는 것을 생각합니다. 물론 부르짖는 기도도 중요합니다. "누구든지 주의 이름을 부르는 자는 구원을 얻으리라"(행 2:21)고 했습니다. 그렇지만 우리 마음이 언제나 부르짖고 싶은 심정일 수 없듯이 항상 부르짖는 기도를 해야 하는 것은 아닙니다. 기도하는 모습이 자유로워야 하지 않겠습니까? 통성 기도가 필요하면 부르짖는 기도를, 묵상 기도가 하고 싶으면 잠잠히 묵상 기도를 하면 됩니다. 그것이 균형 잡힌 모습이 아닐까 생각합니다. 통성 기도를 통해서 위로부터 임하는 능력을 경험하고, 침묵 기도나 묵상 기도를 통해서 내면의 조화를 이루어 가는 것입니다.

누가는 예수님이 성장하는 모습을 다음과 같이 기록하고 있습니다.

"예수는 그 지혜와 키가 자라가며 하나님과 사람에게 더욱 사랑스러워 가시더라"(눅 2:52).

우리는 이 말씀을 통해 균형 잡힌 영성이 무엇인지를 보게 됩니다. 지혜가 자라고 키가 자라고 사랑스러워 가는 것, 이야말로 잘 균형 잡힌 삶, 균형 잡힌 영성이라 할 수 있습니다.

먼저 지혜가 자랐다고 했습니다. 지성입니다. 지성이 점점 자라서, 지혜가 충만해졌다는 것입니다. 우리는 모두 지성인입니다. 우리가 지혜를 중요하게 생각하는 것은 앎이 지성에서 오기 때문입니다. 지식이 없으면 안 됩니다. 균형이 중요하다는 것도 지식에서 비롯된 것 아닙니까? 그래서 지식이 먼저입니다. 그리고 이 지식을 따라 감성이 옵니다. 내가 기분이 좋다고 느끼는 것은 기분 좋은 생각이 있기 때문입니다. 좋은 기분이

들어서 기분 좋다고 생각할 수도 있지만 사람의 감정이라는 것이 늘 요동하기 때문에 여기에 좌지우지되어서는 안 됩니다. 그래서 여러 가지 접근 가운데 큐티식 접근이 중요합니다. 이것은 인지적인 접근이라고 할 수 있는데, 먼저 알고 그리고 경험하는 것입니다. 말씀을 통해 인지적으로 받아들인 것을 우리 삶 속에서 경험하는 것입니다. 이런 면에서 지성 계발은 아주 중요합니다.

두 번째로 키가 자랐다고 했습니다. 이것은 육체의 건강이라 할 수 있습니다. 우리 신체를 건강하게 유지하는 것, 아주 중요합니다. 우리의 몸을 참 소중하게 다루고 잘 가꾸어야 합니다. '건강' 하면 잘 먹고 잘 쉬는 것을 생각하는데, 참된 건강은 거기서 더 나아갑니다. 의사였던 폴 투르니에는 건강을 다음과 같이 정의합니다. "건강이란 병이 없다는 것만을 의미하지 않는다. 건강은 삶의 질적 문제다. 육체적, 정신적, 영적으로 구김살이 없는 것을 말한다. 인간의 힘을 최대한으로 발휘시키는 것이 건강이다."

사람마다 상황이 다르지 않습니까? 어떤 사람은 핸디캡을 가지고 태어나고 또 어떤 사람은 자라면서 약한 체질로 살아갈 수 있습니다. 저는 건강을 어떤 힘의 크기나 몸집의 크기로 보면 안 된다고 생각합니다. 어떤 분은 건강을 다리 두께로 측정하기도 하는데, 그것도 역시 좋은 측정 방법은 아닙니다. 온전한 건강은 구김살이 없는 것입니다. 그리고 자기가 처한 환경 가운데서 자신의 잠재력을 최대한 발휘해서 자신에게 주어진 과업을 완수하는 것을 의미합니다.

소설 「빙점」으로 우리에게 잘 알려진 미우라 아야코는 몸이 많이 아팠습니다. 종합병원이라 해도 될 정도로 온몸이 병투성이였습니다. 하지만 그는 이런 놀라운 고백을 합니다. "아프지 않으면 드리지 못할 기도가 있다. 아프지 않으면 믿지 못할 기적이 있다. 아프지 않으면 접근하지 못할 성소가 있다. 아프지 않으면 우러러 뵙지 못할 성 안이 있다. 아, 아프지 않으면 나는 인간일 수조차 없다." 미우라 아야코는 몸은 늘 아팠지만 구김살이 없는 인생을 살았습니다. 자신의 잠재력을 극대화시켜 일했던 하나님의 사람입니다.

자신에게 주어진 건강 안에서 구김살 없이 사는 것, 그것이 건강입니다. 최선을 다해 자신의 삶을 가꾸는 것이 건강한 삶입니다. 저도 지금까지 제 안에 구겨져 있는 부분들을 펴기 위해 많이 노력하고 있는데, 아마도 고친 만큼 아름다워졌을 것이라 생각합니다. 만약 당신의 삶에도 고치고 펴야 할 부분이 있다면, 외모만 고치려 하지 말고 내면도 함께 고쳐 가길 바랍니다.

마지막으로, 하나님과 사람에게 더욱 사랑스러워졌다고 했습니다. 바로 이것이 영성입니다. 하나님과 영적인 관계 속에서 맺는 영성, 사람과의 관계에서 맺는 영성, 그로 인해 사랑스러워지는 것입니다. 그리스도인의 삶에서 가장 약한 부분이 관계인 것 같습니다. 많은 그리스도인들이 사회성이 결여되어 어려움을 겪는 것을 봅니다. 선교 현장에서도

내적인 대화는 참 중요합니다. 부정적이고 정죄하는 말을 하면 사람이 그 말처럼 미워집니다. 하지만 긍정적이고 용서하는 말을 하면 사랑스러워집니다. 자신이 긍정되는 과정을 거치며 사람들에게도 사랑스러워지는 것입니다. 예수님을 배우고 닮아 가다 보면 조금씩 자기중심성에서 벗어나고, 다른 사람을 먼저 생각하고, 그렇게 사랑스러운 모습으로 바뀝니다.

그렇고 목회 현장에서도 마찬가지입니다. 하나님과의 관계, 이웃과의 관계, 자신과의 관계, 이러한 관계를 잘 맺을 때 균형 잡힌 영성이 이루어집니다.

제게 있어서 가장 큰 문제는 제 자신과의 관계였습니다. 저는 자신을 사랑하는 법을 몰랐습니다. 그리고 독백 가운데 제 자신을 괴롭히는 말을 많이 했습니다. 내적인 대화는 참 중요합니다. 부정적이고 정죄하는 말을 하면 사람이 그 말처럼 미워집니다. 하지만 긍정적이고 용서하는 말을 하면 사랑스러워집니다. 자기 자신이 긍정되는 과정을 거치며 사람들에게도 사랑스러워지는 것입니다. 사랑스러움은 꼭 외모에만 있는 것이 아닙니다. 우리 삶의 분위기, 우리가 사용하는 언어들, 어떤 사건을 대할 때 그것을 긍정적으로 해석하는 태도, 이런 것들이 우리 삶을 아름답게 만듭니다.

그리고 이 과정에서 우리의 관계성에 축복이 흘러 들어오는 것입니다. 예수님을 배우고 닮아 가다 보면 조금씩 자기중심성에서 벗어나게 되고, 다른 사람을 먼저 생각하게 되고, 그렇게 사랑스러운 모습으로 바뀌게 됩니다.

2 예수님에게서 배우는 영성

예수님의 영성은 하나님의 임재 앞에 사는 영성입니다. 하나님이 언제나 곁에 계심을 기억하면서 하나님께 우리 영혼의 관심을 집중하는 것입니다.

예수님의 영성을 추구하십시오

영성 추구에 있어서 이렇게 균형을 잡고 나면 이제 "무엇을 추구할 것인가?"라는 문제가 남게 됩니다. 영성이라고 해도 여러 가지 영성이 있기 때문입니다. 불교에도 영성이 있고, 힌두교에도 영성이 있습니다. 또한 영성에도 여러 차원이 있습니다.

그러면 우리가 추구하는 그리스도인의 영성은 무엇입니까? 그것은 그리스도의 영(spirit), 다시 말해 그리스도의 정신을 닮아 가는 것입니다. 예수 그리스도가 걸어가신 길을 통해서 예수님의 모습을 닮아 가는 것, 이것이 우리가 추구하는 영성의 내용입니다.

저는 예수님의 영성을 추구하면서 굉장히 많은 유익과 축복을 얻었습니다. 예수님의 삶을 통해 보는 그분의 영성은 제 삶을 자유롭게 했고 또한 더욱 풍요롭게 해 주었습니다. 예수님의 삶의 모습을 닮아갈 때 제 인격이 변화되기 시작했고, 그분의 지혜를 배우면서 제 지혜가 자랐고, 또한 그 속에 있는 놀라운 자유로움을 경험했습니다. 그분 안에 균형 잡힌 영성이 있고, 참 자유가 있습니다. 그러므로 우리는 예수님으로부터 배워야 합니다.

"나는 마음이 온유하고 겸손하니 나의 멍에를 메고 내게 배우라 그러면 너희 마음이 쉼을 얻으리니"(마 11:29).

영성도 배워야 합니다. 저는 영성이 철저하게 지성에서 출발한다고 생각합니다. 지성을 통해 배우고 깨달아야 영성이 자랍니다. 지성이 깊어질수록 영성도 참되고 우리 삶 속에 잘 녹아들 수 있습니다.

예수님이 당신 자신을 나타내신 말씀처럼 온유하고 겸손한 마음에서 예수님의 영성이 나옵니다. 그러면 예수님께서 "내게 배우라"고 하실 때 어떻게 배우라는 말씀입니까? 그분의 삶을 통해 배우면 됩니다. 우리는 예수님의 삶을 배움으로써 예수님의 영성을 알 수 있습니다. 예수님이 "이것이 나의 영성이다"고 말씀하시지는 않았지만 예수님의 삶 전체를 통해 그분의 영성을 엿볼 수 있는 것입니다. 예수님의 삶을 통해 깨닫게 되는 예수님의 영성에 대해 살펴보겠습니다.

작은 자의 모습으로 오신 예수님의 영성

예수님의 영성은 아기, 즉 작은 자로 오신 모습에서 찾을 수 있습니다. '작은 자로 오셨다.' 이것이 매우 중요합니다. 누가복음 2장 12절을 보면 "너희가 가서 강보에 싸여 구유에 누인 아기를 보리니 이것이 너희에게 표적이니라"고 했습니다.

첫 번째 사람 아담의 문제점은 아이의 과정을 거치지 않고 처음부터 어른이었다는 것입니다. 그래서 쉽게 타락하고 말았습니다. 아마도 성장 과정이 없었기 때문에 거기서 오는 문제가 있지 않았을까 하는 생각이 듭니다. 영성을 추구할 때 중요한 것은 조급해하지 말아야 한다는 것입니다.

천국 비유 장으로 유명한 마태복음 13장에는 겨자씨 비유가 나옵니다. 비유를 통해 알 수 있듯이, 하나님 나라는 작은 씨앗에서부터 시작됩니다. 하나님 나라의 법칙은 철저하게 성장의 법칙이자 농작의 법칙입니다.

예수님도 이 법칙을 따르셨습니다. 예수님은 절대로 돌로 떡을 만드시지 않았습니다. 오병이어로 오천 명을 먹이시긴 해도 돌로 떡을 만드시지는 않습니다. 예수님은 기적을 일으키시더라도 일정한 원리와 법칙을 따라서 역사하셨습니다. 이 겨자씨의 원리에 대해 이해하는 것이 필요합니다. 작은 씨가 심겨졌으면 이제 어떻게 자라는지를 봐야 합니다. 마가복음 4장 28절을 보면 "땅이 스스로 열매를 맺되 처음에는 싹이요 다음에는 이삭이요 그 다음에는 이삭에 충실한 곡식이라"고 합니다. 이 것은 다 과정입니다.

열매가 나오는 과정이 중요합니다. 그래서 어떻게 열매가 맺히는지, 그 과정은 어떠한지를 아는 것이 중요합니다. 그 과정에 감동이 있고 깨 달음이 있는 것입니다. 훌륭한 교사의 역할은 이처럼 과정을 잘 설명해 주는 것입니다. 그러고 보면 예수님처럼 훌륭한 교사도 없습니다. 위의 말씀과 같이 "처음에는 싹이요, 다음에는 이삭이요, 그 다음에는 이삭에 충실한 곡식이라"고 과정을 잘 설명해 주고 계시지 않습니까?

영성을 추구하는 사람들의 특징은 결과보다 그 과정을 중요하게 생각 한다는 것입니다. 작은 씨앗, 작은 일에 충성하는 것, 이것이 최고의 영성 이고 주님이 우리에게 말씀하고자 하시는 바입니다. "너희가 여기 내 형 제 중에 지극히 작은 자 하나에게 한 것이 곧 내게 한 것이니라"(마 25:40).

진정한 영성에 이르면 작은 것 속에서 큰 비전을 보고 그것의 가치를 분별하게 됩니다. 작은 것의 가치를 알고 그것을 키울 수 있는 사람, 그것 도 그냥 키우는 것이 아니라 성실하게 키울 수 있는 사람, 이런 사람이 되 는 것입니다. 하나님 나라에는 하찮은 게 하나도 없습니다. 아주 사소한 것도 다 의미가 있습니다. 깊은 영성에 이르면 이렇게 작은 것에 가치를 두고 그것을 추구하게 됩니다.

어느 시인은 "작은 꽃잎 하나가 떨어질 때 온 우주는 전율한다"고 노 래했습니다. 그것을 볼 수 있는 눈이 영성입니다. 조그만 꽃잎 하나에서 우주를 보는 눈, 작은 것 속에서 큰 것을 보고, 부분 속에서 전체를 볼 수 있는 눈, 겨자씨 속에 있는 하나님 나라를 볼 수 있는 그 눈이 우리 주님의 눈입니다.

이런 안목을 갖게 되면 사람을 대하는 게 달라집니다. 사람이 그렇게 존귀해 보일 수가 없습니다. 왜냐하면 그 사람 속에 담겨 있는 엄청난 가치를 보기 때문입니다. 그 영혼의 가치 말입니다. 그러니까 예수님의 영성을 배우면 예수님의 시각을 갖게 됩니다. 하나님의 눈을 가지고 사람을 대하고, 하나님의 눈으로 사람들의 가치를 인정해 주는 것입니다. 하나님이 우리를 존귀하게 여기시는 것처럼 우리도 사람들을 존귀하게 여기는 것입니다. 이것이 우리가 추구하는 영성입니다.

예수님이 작은 자로 오셨다는 사실, 매우 감사한 일입니다. 교만한 사람은 작은 자로 오신 예수님을 절대 만날 수 없습니다. 작은 자로 오신 예수님을 만나려면 언제나 엎드려야 하기 때문입니다. 무릎을 꿇어야만 하기 때문입니다. 겸손하게 우리 마음을 예수님께 집중할 때 예수님을 만날 수 있습니다. 그렇지 않으면 예수님을 찾기 어렵습니다. 그래서 우리가 예수님을 만나게 된 것이 은혜라는 것입니다. 아기 예수님을 만났던 사람들은 모두 경배하는 사람들이었습니다. 동방 박사 세 사람도 예수님께 무릎을 꿇고 경배했습니다. 그것이 진정한 의미의 겸손

조그만 꽃잎 하나에서 우주를 보는 눈, 작은 것 속에서 큰 것을 보고, 부분 속에서 전체를 볼 수 있는 눈, 겨자씨 속에 있는 하나님 나라를 볼 수 있는 그 눈이 우리 주님의 눈입니다.

이런 안목을 갖게 되면 사람을 대하는 게 달라집니다. 사람이 그렇게 존귀해 보일 수가 없습니다. 그 사람 속에 담겨 있는 엄청난 가치를 보기 때문입니다.

입니다. 작은 자이신 예수님을 알아보고 경배하는 모습, 정말 아름다운 모습입니다.

연약한 자의 모습으로 오신 예수님의 영성

예수님의 또 한 가지 중요한 영성은 연약한 자로 오신 모습에서 찾을 수 있습니다. 즉 연약함의 영성입니다.

"그는 주 앞에서 자라나기를 연한 순 같고 마른 땅에서 나온 줄기 같아서 고운 모양도 없고 풍채도 없은즉 우리의 보기에 흠모할 만한 아름다운 것이 없도다 그는 멸시를 받아서 사람에게 싫어 버린 바 되었으며 간고를 많이 겪었으며 질고를 아는 자라 마치 사람들에게 얼굴을 가리우고 보지 않음을 받는 자 같아서 멸시를 당하였고 우리도 그를 귀히 여기지 아니하였도다"(사 53:2-3).

이사야는 예수님의 모습이 연한 순과 같다고 했습니다. 우리가 예수님의 영성을 이해하려면 이 연약함이 얼마나 위대한가를 알아야 합니다. 부드럽고 유연한 새순 안에 있는 아름다움을 볼 수 있어야 합니다. 연약함의 능력을 아는 게 필요하다는 것입니다. "아기가 자라며 강하여지고 지혜가 충족하며 하나님의 은혜가 그의 위에 있더라"(눅 2:40). 예수님은 연약한 모습으로 이 땅에 오셨습니다. 그리고 자라면서 점점 강해지고 지혜가 충만해지신 것입니다.

① 말씀의 능력을 의지하는 연약함의 영성

예수님은 연약했기 때문에 철저하게 하나님을 의지하셨습니다. 요한복음 5장 19절을 보면 "그러므로 예수께서 저희에게 이르시되 내가 진실로 진실로 너희에게 이르노니 아들이 아버지의 하시는 일을 보지 않고는 아무것도 스스로 할 수 없나니 아버지께서 행하시는 그것을 아들도 그와 같이 행하느니라"고 했습니다.

연약함이 축복이 되는 것은 우리가 연약할 때 말씀의 능력을 의지하기 때문입니다. 내가 연약하면 말씀을 의지하지 않을 수 없습니다. 연약한 나를 믿을 수 없기에 하나님의 말씀과 교훈을 의지하는 것입니다. 예수님은 요한복음 7장 16절에서 "내 교훈은 내 것이 아니요 나를 보내신 이의 것이니라"고 하시면서 하나님을 의지하심을 보여 주셨습니다.

예수님은 온전히 하나님의 통로가 되셨습니다. 하나님 아버지께 받아서 그것을 제자들에게 전달하시고 제자들은 또 그것을 다른 사람들에게 전달했습니다. 예수님께서 "내가 너희에게 분부한 모든 것을 가르쳐 지키게 하라"(마 28:20)고 말씀하셨을 때, 새로운 것을 가르치라고 하신 것이 아닙니다. 제자들에게 늘 말씀해 오셨던 것, 하나님 아버지께 받아 가르쳐 오셨던 것, 그것을 가르치라고 말씀하신 것입니다. 예수님은 하나님께 받은 것을 제자들에게 전달하셨습니다. 이제 제자들은 사도들에게, 사도들은 또 다른 사람들에게 그것을 가르쳐야 한다는 것입니다. 결국 계속 전달되는 것입니다.

그 과정에서 우리가 관심을 가져야 할 일은 예수님께 받은 것을 어떻게 새로운 시대에 맞게 잘 전달하느냐 하는 것입니다. 어떤 옷을 입히느냐의 차이입니다. 기본적인 복음의 내용과 제자도의 원리들은 이미 결정되었습니다. 다만 표현의 방법들을 고심하는 것입니다.

오늘날 우리에게는 말씀의 능력을 의지하셨던 예수님의 영성이 필요합니다. "사람이 떡으로만 살 것이 아니요 하나님의 입으로 나오는 모든 말씀으로 살 것이라"(마 4:4). "하나님의 보내신 이는 하나님의 말씀을 하나니 이는 하나님이 성령을 한량없이 주심이니라"(요 3:34).

② 성령님을 의지하는 연약함의 영성

연약함의 영성은 또한 성령님을 의지하는 영성입니다. 마태복음 3장 16절을 보면 예수님이 사역을 시작하시며 세례 받으시는 모습이 나옵니다. "예수께서 세례를 받으시고 곧 물에서 올라오실새 하늘이 열리고 하나님의 성령이 비둘기같이 내려 자기 위에 임하심을 보시더니." 그리고 마태복음 12장 28절에는 "내가 하나님의 성령을 힘입어 귀신을 쫓아내는 것이면 하나님의 나라가 이미 너희에게 임하였느니라"는 말씀이 있습니다.

이렇게 예수님은 공생애를 시작하며 성령으로 충만하셨고 마귀를 쫓아낼 때도 성령의 힘을 입으셨다고 했습니다. 예수님의 사역 전체가 성령님을 의지한 것이었습니다. "하나님이 나사렛 예수에게 성령과 능력을 기름 붓듯 하셨으매 저가 두루 다니시며 착한 일을 행하시고 마귀에게 눌린 모든 자를 고치셨으니 이는 하나님이 함께하셨음이라"(행 10:38).

예수님은 철저하게 성령님을 의지하셨습니다. 우리는 이 사실을 항상 기억해야 합니다. 우리 힘으로 일하면 힘듭니다. 성령님을 의지해야 합니다. 우리가 하나님을 '위해서' 일하기는 쉬운데 하나님과 '함께' 일하기는 어려운 것 같습니다. 오늘날 기독교의 많은 문제가 하나님 없이 하나님 일을 하는 데서 비롯되었습니다. 그러므로 우리는 철저히 성령님을 의지해야 합니다. 성령님을 의지하면 일이 정말 쉬워집니다. 내가 하는 게 아니기 때문입니다. 성령님이 역사하시기 때문입니다.

③ 기도를 통해 하나님의 능력과 지혜를 공급받는 연약함의 영성

연약함의 영성은 하나님의 능력과 지혜를 공급받기 위해 기도합니다. 예수님이 바로 그런 삶을 사셨습니다. "새벽 오히려 미명에 예수께서 일어나 나가 한적한 곳으로 가사 거기서 기도하시더니"(막 1:35). 내가 연약하기 때문에 하나님께 기도하면서 능력을 받고 지혜를 얻는 것입니다. 우리도 예수님처럼 기도를 통해 하나님의 능력과 지혜를 얻을 필요가 있습니다.

어떤 교회에 한 목사님이 부임했습니다. 아주 훌륭한 목사님인데, 이분이 설교를 하니까 사람들이 감동을 받아서 교회가 부흥했습니다. 그런데 어느 순간부터 교인들의 숫자가 줄고 교회가 어려워지기 시작했습니다. 목사님 설교가 특별하게 달라진 것은 없는데 말입니다. 나중에 알고 보니까 변화가 딱 한 가지 있었는데, 시간이 갈수록 이 목사님이 하나님에 대해서는 말을 많이 했지만 하나님께는 말하지 않았다는 것입니다.

"He talked about God, but he never talked to God."

우리는 하나님에 대해서는 많이 말하지만 하나님께는 말하지 않는 우를 범하곤 합니다. 하나님과 대화하지 않으면 그리스도인의 능력도 상실됩니다. 우리는 하나님에 대해 많이 이야기할 수 있습니다. 그렇지만 중요한 것은 하나님께 직접 말해야 된다는 것입니다. 하나님에 대해서 많이 말하게 되는 사역자들은 제가 하는 말을 공감하리라 생각합니다. 하나님에 대해 많이 말한다고 할지라도 하나님께 말하지 않으면 거기서부터 능력이 상실됩니다. 하나님의 능력, 하나님의 지혜는 기도를 통해서 얻을 수 있습니다.

④ 친밀한 연합을 통해 열매 맺는 연약함의 영성

연약함의 영성은 친밀한 연합을 통해 열매 맺는 영성입니다. 연약함의 축복이 바로 여기에 있습니다. 식물을 보면, 어디에서 꽃이 피는 줄 아십니까? 가지의 가장 연약한 부분에서 꽃이 핍니다. 그리고 그 꽃이 떨어지면 바로 그곳에 열매가 맺힙니다. 나무둥치에 열매가 맺히는 게 아닙니다. 항상 가지에, 가장 연약한 부분에 열매가 맺히는 것입니다. 나무가 자랄 때도 자세히 보면, 연한 가지 끝에 새순이 돋는 것을 알 수 있습니다. 우리 삶에서도 가장 연약한 가지가 꽃을 피우고 열매를 맺는 부분이라는 것을 기억하십시오.

연약함의 가장 큰 축복은 연약하기 때문에 항상 연합할 수 있다는 것입니다. 하나님과 연합한다는 말입니다. 연합이 없으면 열매도 없습니다. 예수님이 "나는 포도나무요 너희는 가지니 저가 내 안에, 내가 저 안에 있으면 이 사람은 과실을 많이 맺나니 나를 떠나서는 너희가 아무것도 할 수 없음이라"(요 15:5)고 말씀하신 것처럼 친밀한 연합은 아주 중요합니다.

이렇게 친밀한 연합 가운데 들어가려면 우선 무장을 해제해야 합니다. 우리 자신의 옷을 벗어야 됩니다. 그래야 친밀해집니다.

헨리 나우웬은 친밀함의 장소를 두 가지로 봅니다. 식탁과 침실. 먼저는 식탁입니다. 음식을 먹을 때는 모두 긴장을 풀지 않습니까? 그래서 음식을 먹는 게 아주 중요합니다. 그때 비로소 무장을 해제하기 때문입니다. 군인들도 먹을 때는 총을 한쪽에 내려놓습니다. 그래서 식탁이 신성한 것입니다. 여기에서 피와 살을 만드는 음식이 나누어지기 때문입니다.

제일 나쁜 사람이 누구냐 하면 식탁을 뒤엎는 사람입니다. 가끔 이런 남자들이 있습니다. 이런 분들은 나쁜 남자, 즉 '나뿐인 남자' 라서 그렇습니다. 식탁에서 음식을 먹을 때는, 음식을 만든 아내를 생각하고, 농작물을 길러낸 농부를 생각하고, 또한 햇빛과 비와 땅을 주신 하나님을 생각해야 하는데, 자신만 생각하기 때문에 밥상을 차는 것입니다. 그것은 어떤 의미에서 하나님을 차는 것이라고 해도 과언이 아닙니다. 아내가 가족을 위해

만든 음식은 생명을 제공하는 것입니다. 살과 피를 제공하는 것입니다. 그런데 그 식탁을 차고 뒤엎는다면 그것은 정말 나쁜 행동입니다.

또 하나의 장소는 침실입니다. 침실도 무장을 해제하는 곳입니다. 그래서 부부 싸움중에 침실에서 폭행을 당하면 엄청나게 큰 상처가 생기는 것입니다. 무장을 풀고 무방비 상태에 있는데 당했기 때문에 더 그렇습니다. 우리가 진정한 영성을 추구하려면 조금 더 성숙해져야 합니다. 가장 친밀할 수 있는 장소에서, 무장을 해제하는 장소에서 폭력을 휘두르거나 서로를 함부로 대하는 것은 매우 위험한 행동입니다.

식탁에서 나누는 대화는 놀라운 대화입니다. 경계를 풀고 마음을 연 상태에서 나누는 것이라 우리 속에 있는 진실한 언어가 나오기 때문입니다. 또한 침실의 교제에도 친밀함이 있습니다. 꼭 결혼 관계가 아닐지라도, 여행을 같이 하고 나면 서로가 굉장히 친밀해지지 않습니까? 긴장을 풀고 마음을 여는 그곳에 친밀함이 있고 열매가 있는 것입니다.

우리가 올바른 영성을 추구한다면 우리 가정, 우리가 맺은 관계들이 더 아름다워지고 우리 인생이 더 풍성해질 것입니다. 예수님의 연약함의 영성을 본받아 하나님과, 이웃과 친밀한 연합을 통해 열매 맺는 삶을 살기 바랍니다.

아래로 내려오시는 겸손하신 예수님의 영성

예수님의 영성은 위에서 아래로 내려오시는 겸손함의 영성입니다.

“사람의 모양으로 나타나셨으매 자기를 낮추시고 죽기까지 복종하셨으니 곧 십자가에 죽으심이라”(빌 2:8).

예수님이 자기를 낮추심은 영성의 극치입니다. 겸손은 굉장히 중요합니다. 그 이유는 겸손하지 않으면 열매를 맺을 수 없기 때문입니다. 농부가 하는 일을 자세히 관찰해 보면, 반 이상은 무릎을 꿇고 하는 일입니다. 씨앗을 심고, 그 심은 것을 돌보고, 잡초를 제거하고…. 이 모든 일은 자세를 낮추어야만 할 수 있는 일입니다. 그래야 농작물을 수확할 수 있고, 열매를 얻을 수 있습니다. 우리가 기도하면서 무릎을 꿇는 것이나, 농부가 무릎을 꿇고 일하는 모습이나, 예배를 드릴 때 무릎을 꿇는 것이나 그 모습은 한결같이 겸손합니다.

“하나님이 교만한 자를 대적하시되 겸손한 자들에게는 은혜를 주시느니라”(벧전 5:5)는 말씀처럼 겸손한 자들에게 하나님의 은혜가 임합니다. 은혜는 그야말로 하나님이 거저 주시는 것입니다. 그러나 성경을 자세히 읽어 보면 하나님의 은혜를 받는 자세가 있습니다. 그중에 하나가 겸손입니다. 겸손한 자세 위에 하나님의 은혜가 임합니다.

사실 우리가 겸손해진다는 것은 쉽지 않습니다. 하지만 진짜 축복이 여기에 있습니다. 아래로 내려올수록 우리에게는 굉장한 안정감이 생깁니다. 위로 올라가면 갈수록 왠지 불안합니다. 아래로 내려와야 평강이 임합니다. 그래서 우리가 겸손해지려고 노력해야 하는 것입니다.

그렇다면 어떻게 하면 더 겸손해질 수 있을까요? 섬기면 됩니다. 내가 섬길 때 겸손해집니다. 그리고 다른 사람을 자꾸 칭찬해야 합니다. 그래야 겸손해질 수 있습니다. 내가 낮아질 수 있는 길은 다른 사람을 인정하고 칭찬해 주며 그들의 가치를 높이는 것입니다. 주님을 높이고 우리 주위에 있는 사람들을 자꾸 높이다 보면 우리 자신이 낮아집니다.

겸손을 구할 때 이 방법을 아는 것이 매우 중요합니다. 엉뚱하게 자신을 비하하면 안 됩니다. 다만 다른 사람을 섬김으로써, 다른 사람을 높임으로써 자신이 낮아져야 합니다. 그것이 우리가 진정으로 겸손할 수 있는 길입니다.

저는 사람들을 존경합니다. 모든 사람을 존경합니다. 한때는 모든 사람을 존경하는 것은 어렵다고 여겼습니다. 교만한 생각이었지만, 존경받을 만한 인간이 없다고까지 생각했습니다. 그런데 주님의 은혜를 경험하고 나니까 생각이 바뀌었습니다. 세상의 모든 사람은 존경을 받아야 합니다. 왜냐하면 주님이 그 영혼을 위해 생명을 버리시고 십자가에서 돌아가셨기 때문입니다. 인간은 행위나 어떤 업적과는 상관없이 그 존재만으로도 얼마든지 존경받을 만한 가치가 있습니다. 그래서 저는 '존경하는' 이라는 말을 자주 씁니다. 정말 진지하게 씁니다. 그것이 왜 가능하냐면 예수님이 십자가에 못 박혀 죽으실 만큼 한 사람 한 사람이 다 가치 있다고 믿기 때문입니다.

사람은 누구나 하나님의 걸작품입니다. 이 사실을 기억한다면 얼마든지 모든 사람을 존경할 수 있습니다. 마음 깊은 곳으로부터, 외모에 상관없이, 신분에 상관없이, 돈의 유무나 학력의 유무에도 상관없이 얼마든지 그 존재 자체로 존경할 수 있습니다.

제가 이렇게 다른 사람을 존경할 수 있게 된 가장 커다란 계기는 제 자신에 대한 가치를 발견하고 나서부터입니다. 제 자신을 존귀하게 여기기 시작하니까 다른 사람도 존귀하게 여겨졌습니다. 사람들을 존경하는 데 조금도 주저하지 않는 사람이 된 것입니다. 다른 사람들을 존경하니까 제 자신이 참 행복합니다. 그리고 사람들을 존경할수록 제게 더 큰 축복이 임합니다. 마음이 점점 더 평화로워지기 때문입니다. 다른 사람들을 세우고 인정해 주고 존경하면 내 영혼이 춤을 춥니다.

하지만 제가 누군가를 깎아내리고 우습게 알면 제 영성이 자꾸 흔들리고 마음이 산란해집니다. 다른 사람을 비판하고 정죄할 때 제 영혼이 아파하는 것입니다. 제 영혼이 스스로 말합니다. 왜 그러냐고. 그러지 말라는 것입니다. 저는 주님의 영성을 추구하면서 이 사실을 경험적으로 알게 되었습니다. 사람들을 대하는 자세나 사용하는 언어들이 어떻게 삶을 바꿀 수 있는지 말입니다. 나의 내면 깊은 곳에서 무엇이 진정 나를 행복하게 만드는가, 역시 겸손한 주님의 삶의 방식입니다. 교만해지면 제일 힘든 것이 자기 자신입니다.

그래서 하나님의 은혜가 임하고, 목회자가 성도들을 정말 존귀하게 여기는 교회는 분위기가 참 좋습니다. 목회자가 성도들을 대할 때마다 마음 깊은 데서부터 존귀하게 대하고, 성도를 이용하려 하지 않고 계발시켜 주고, 성도를 부리려 하지 않고 사랑하고, 한 분 한 분을 귀하게 여긴다면, 그 교회는 곧 부흥할 것입니다. 사람들이 몰려와서 기쁜 소식(Good

News)을 듣고 경험하는 놀라운 역사가 일어날 것입니다. 복음이 무엇입니까? 하나님이 예수님께 하셨던 "이는 내 사랑하는 아들이요 내 기뻐하는 자라"(마 3:17)는 말씀입니다. 성도와 목회자가 서로 존귀하게 대하면 이 음성을 계속 듣게 될 것입니다.

우리는 교회에 와서 복음을 들어야 합니다. 정죄와 죄책감을 느끼면 힘들어집니다. 그래서 어떤 분은 교회 올 때마다 헬멧을 쓰고 와야 합니다. 늘 얻어터지고 피투성이가 되기 때문에. 그리고 교회 밖에 가서 치료받은 다음에 다시 주일이 되면 교회에 옵니다. 율법주의적인 교회들이 가지고 있는 커다란 문제라고 할 수 있습니다. 영적 안내자들이 어떻게 하느냐에 따라 교인들의 영적 성장에 도움이 될 수도, 장애가 될 수도 있습니다.

십자가의 성 요한이 강조하는 것이 그런 것입니다. 그는 영적 성장의 가장 큰 장애물을 세 가지로 말합니다. 먼저는 자아, 잘못된 자아입니다. 두 번째는 사탄, 그리고 세 번째는 영적 안내자입니다. 영적 안내자가 하나님과 사람 사이를 막아서면 그처럼 커다란 장애물도 없습니다. 영적 안내자의 가장 중요한 역할은 사람들을 자신에게 이끌기보다 우리를 도우시는 예수님께 연결시켜 주는 것입니다. 예수님과의 만남을 주선하는 것입니다. 그런데 자신이 심판자가 되려고 하면 그는 영적 성장의 방해물밖에 안 되는 것입니다. 그런 까닭에 우리는 영적 안내자를 잘 분별해야 합니다. 잘 선택해서 따라야 하는 것입니다.

자신을 감추시는 예수님의 영성

예수님의 영성은 자신을 감추시는 영성입니다. 예수님은 자신을 감추는 삶을 사셨습니다. 또한 감추는 삶을 가르치셨습니다.

"그러나 그 사람이 나가서 이 일을 많이 전파하여 널리 퍼지게 하니 그러므로 예수께서 다시는 드러나게 동네에 들어가지 못하시고 오직 바깥 한적한 곳에 계셨으나 사방에서 그에게로 나아오더라"(막 1:45). "그러므로 예수께서 저희가 와서 자기를 억지로 잡아 임금 삼으려는 줄을 아시고 다시 혼자 산으로 떠나가시니라"(요 6:15). "네 구제함이 은밀하게 하라 은밀한 중에 보시는 너의 아버지가 갚으시리라"(마 6:4).

우리는 늘 드러나기를 원합니다. 좋은 평판을 얻기 원하고 인기가 높아지면 좋아합니다. 하지만 조심해야 됩니다. 인기는 오래가지 않습니다. 꽃병의 꽃이 얼마나 오래 피어 있는지 아십니까? 열흘을 넘지 못합니다. 인기도 마찬가지입니다. 인기의 노예가 되어서는 안 됩니다. 자신을 지나치게 노출시키면 열매를 맺지 못합니다. 여기서도 균형이 필요한데, 감추어지는 순간이 꼭 필요합니다.

예수님은 때에 맞춰 자신을 감추셨다가 다시 드러내곤 하셨습니다. 이 두 가지가 적절하게 조화를 이루어야 합니다. 정말 지혜로운 사람들은 남에게 드러내지 않고 하나님의 시선만 의식합니다. 이것이 영성입니다. 남이 보지 않는 곳에서 충성하고, 남이 알아주지 않는 데서 섬기고, 그러면서도 하나님의 눈길을 의식하며 행복해 할 줄 아는 것, 이것이 진정한 영성입니다.

예수님은 선을 행할 때 왼손이 하는 것을 오른손이 모르게 하라고 하셨습니다. 때로 어떤 것은 드러날 수밖에 없기도 합니다. 그러나 섬기는 가운데 하나님의 눈길만 의식하면서 감사할 수 있어야 합니다. 지속적으로 하나님의 임재를 경험하는 것입니다. 하나님의 따뜻한 눈길, 그 속에서 살아가는 것입니다. 그래야 사람들의 시선으로부터 자유로울 수 있습니다.

베드로도 그 따뜻한 눈길을 경험하고 회개했습니다. 그가 예수님을 세 번 부인했을 때, 예수님이 그 자리에 계셨습니다. 저는 그때를 그려 보면서 베드로를 바라보셨던 주님의 눈길을 생각합니다. 그것은 정말 온유한 눈길이고 긍휼히 여기는 눈길이었을 것입니다. 그렇지 않으면 베드로가 울지 않았을 것입니다. 주님이 눈을 부릅뜨고 쳐다보셨다면 베드로는 안 울었을 것입니다. 정말 사랑스럽고 긍휼히 여기는 눈이었기에 베드로가 회개할 수 있었던 것입니다. 우리도 그런 하나님의 눈길을 의식하는 게 필요합니다.

깨어짐을 통해 열매 맺는 예수님의 영성

예수님의 영성은 깨어짐을 통해 열매 맺는 영성입니다. "내가 진실로 진실로 너희에게 이르노니 한 알의 밀이 땅에 떨어져 죽지 아니하면 한 알 그대로 있고 죽으면 많은 열매를 맺느니라"(요 12:24).

깨어진다는 것은 고난이라고도 할 수 있는데 이 깨어짐이 우리에게 깨달음을 줍니다. 고난을 경험하면서 다른 차원의 깨달음을 경험하게 됩니다. 우리도 깨어짐을 통해서 생명을 누리게 되었습니다. 그래서 깨어짐이 아주 중요합니다. 죽어 본 경험이 있어야 합니다. 하나님 앞에 자신을 완전히 드린 예수님처럼 우리도 십자가에서 완전히 깨어지고 죽는 영성을 추구해야 합니다.

누가 우리를 괴롭히면 인간이기에 어쩔 수 없이 짜증이 납니다. 하지만 그때마다 이렇게 생각해 보십시오. '내가 죽었는데 짜증은 무슨 짜증이냐?' 그러면 굉장히 편안해집니다. 내가 살아 있기 때문에 문제입니다. 죽으면 아주 쉬워집니다.

저는 목회를 하면서 물론 어려움도 있지만, 이 일이 너무너무 좋고 즐겁습니다. 왜냐하면 나는 이미 십자가에서 죽었기 때문입니다. 그런데 죽기까지가 정말 어렵습니다. 그래도 한 번 죽어야 됩니다. 바울의 고백처럼 날마다 죽어야 합니다. 내가 깨어지고 죽는 만큼 은혜가 임합니다. 내가 손해를 봐야지 은혜가 되고, 내가 상처 입어야지 은혜를 경험합니다. 거절을 당해 봐야지 은혜를 압니다. 예수님 때문에 아플 만큼 상처 입고 손해를 봤다면 그것이 내게 은혜입니다. 이것이 십자가의 영성입니다.

십자가의 영성은 죄에 대하여 죽고 의에 대하여 다시 살아난 것입니다. "이와 같이 너희도 너희 자신을 죄에 대하여는 죽은 자요 그리스도 예수 안에서 하나님을 대하여는 산 자로 여길지어다"(롬 6:11)는 말씀처럼 내가 죽었다고 간주하고 그렇게 여기는 것입니다. 그러면 상대방이 나를 어떻게 대해도 상처가 되지 않습니다. 상처는 덜 받고 살수록 좋은 것입니다. 상처는 내가 공격에 반응만 하지 않아도 얼마든지 극복할 수 있습니다. 누군가 나를 공격했을 때 그것을 상처라고 느끼고 의식해서 문제가 되는 것입니다. '상처를 받았다' 는 의식 자체가 엄청난 에너지를 빼앗아 갑니다. 마찬가지로 행복도 빼앗기는 것입니다.

골리앗을 물리친 다윗도 엘리압과는 싸우지 않습니다. 형님이니까요. 만약 형님하고 싸웠다면 골리앗을 이기지 못했을 것입니다. 에너지를 엉뚱한 곳에 무리하게 쏟았기 때문에 골리앗과 싸울 때 온전하게 힘을 내지 못했을 것입니다. 예수님의 영성을 추구하려면 쓸데없는 데 에너지를 쏟아서는 안 됩니다.

저는 주님이 말씀하신 "비판받지 아니하려거든 비판하지 말라"는 가르침에 순종하면서 너무나 많은 에너지를 축적했습니다. 남을 비판하는 데는 굉장한 에너지가 듭니다. 남을 비판하려면 그 사람을 매우 열심히 관찰해야 됩니다. 뿐만 아니라 아주 못된 것만을 가려내야 합니다. 그리고 관찰한 바를 널리 알리기 위해서 적절한 장소와 적절한 시간을 정해야 합니다. 이 모든 것을 잘해 내려면 엄청난 에너지가 필요합니다. 미워하려면 그 사람을 묵상해야 합니다. 심지어 잠잘 때도 그 사람을 생각하며 자야 합니다.

그런데 용서하면 어떻게 되는지 아십니까? 그 사람만 자유하게 되는 것이 아니라 내가 자유로워집니다. 용서는 그 사

용서하면 용서받는 사람만 자유하게 되는 것이 아니라 용서하는 사람도 자유로워집니다. 용서는 다른 사람을 위해서 하는 것이 아닙니다. 용서하는 그 자신을 위해서 하는 것입니다. 죽은 사람에게는 미움이 없습니다. 그러니까 '나는 죽었다' 고 생각하면서 상대방을 용서하십시오

람을 위해서 하는 것이 아닙니다. 내 자신을 위해서 하는 것입니다. 죽은 사람에게는 미움이 없습니다. 그러니까 내가 죽었다고 생각하면서 상대방을 용서하는 것입니다.

우리가 이렇게 십자가의 영성, 깨어짐의 영성을 추구할 때 얻게 되는 축복이 참 많습니다. 인격적인 변화뿐만 아니라 삶의 가장 중요한 기술을 배우게 됩니다. 인간관계의 기술, 즉 사람들과의 관계 속에서 어떻게 그들을 대해야 하는가에 대해 큰 통찰을 얻습니다.

저는 "어떤 사람이든 다 나의 스승입니다"라는 고백이 나옵니다. 제가 아는 모든 사람이 다 저에게 가르침을 준 스승이었습니다. 그중에서도 저를 성숙하게 만드는 데 가장 많이 기여한 사람은 저를 가장 많이 괴롭혔던 사람들입니다. 그분들 덕택에 제가 이만큼 된 것입니다. 거기서 제가 인간관계의 기술도 터득하고 관계에서의 깊은 깨달음을 얻게 된 것 같습니다.

섬기러 오신 예수님의 영성

예수님의 영성은 섬기는 영성입니다. "인자의 온 것은 섬김을 받으려 함이 아니라 도리어 섬기려 하고 자기 목숨을 많은 사람의 대속물로 주려 함이니라"(막 10:45).

섬긴다는 것은 무엇일까요? 섬김은 첫째, 집중된 사랑입니다. 사랑이 사람을 살립니다. 누군가 한 사람을 선택해서 사랑해 보십시오. 그가 살아나는 것을 볼 것입니다. 사랑한다는 것은 살리는 것입니다. 어떤 한 사람을 선택해서 집중적으로 사랑하면 그 사람은 결국 변화됩니다. 사랑만큼 우리를 위대하게 만드는 것은 없습니다.

둘째, 섬김은 치유입니다. 우리가 누구를 섬겨 주면 놀라운 치유가 일어납니다. 이것은 제 경험이기도 합니다. 살아오면서 저를 섬겨 주신 분들이 몇 분 있는데, 그분들의 섬김을 받으면서 저는 놀라운 치유를 경험했습니다.

저는 바느질집 아들이었습니다. 또 매우 가난했습니다. 공부도 못했습니다. 그러다 보니 자주 멸시와 천대를 받았습니다. 그런 과정을 겪으면서 마음속에 상처를 많이 받았습니다. 그런데 목회 현장에서 몇몇 분이 저를 아주 극진하게 섬겨 주셨습니다. 그 섬김을 받으면서 '나는 이런 섬김을 받을 자격이 전혀 없는데' 하는 마음이 들었습니다. 그리고 그 과정에서 치유가 일어나기 시작했습니다. 섬김을 받으니까 저의 상처가 치유되면서 여유가 생기게 되었습니다. 동시에, 받은 만큼 섬기는 사람이 되었습니다. 사람은 배운 만큼, 경험하는 만큼 사랑하는 법입니다. 누군가 사랑하고 섬긴다는 것, 그것은 받아 본 만큼 할 수 있습니다.

셋째, 섬김은 씻기는 것입니다. 예수님이 제자들의 발을 씻겨 주셨듯이 씻기는 것은 용서를 의미합니다. 깨끗하게 용서해 주는 것입니다. 그리고 좋은 것을 드러내 주는 것입니다. 더러운 것을 닦아 줄 뿐만 아니라 좋은 것을 드러내 주는 것이 씻김입니다. 우리가 그릇을 닦으면 더러운 것이 지워질 뿐 아니라 깨끗함이 드러나게 됩니다. 이처럼, 사람을 용서하고 섬긴다는 것은 그 사람의 허물을 씻어 줄 뿐 아니라 그 사람 속에 있는 가능성과 잠재력을 드러내고 빛나게 해 주는 것입니다. 이것이 진정한 씻김입니다.

더러운 그릇도 씻으면 쓸 만한 그릇이 됩니다. 쓸 만한 그릇, 쓸 만한 사람으로 만들어 주는 것이야말로 진정한 섬김입니다. 예수님은 용서하는 데서 끝나지 않으십니다. 용서를 넘어서서 우리를 쓸 만한 그릇으로 만드는 데까지 우리를 섬겨 주십니다.

넷째, 섬김은 키우는 것입니다. 섬김이 사랑이라면 사랑은 키움입니다. 우리는 사랑하는 것을 키웁니다. 사랑으로 상대방을 아껴 주면 그가 성장합니다. 섬김의 절정은 바로 사랑을 통한 '키움'입니다. 예수님은 학습을 통해서 제자들을 키우십니다. 또 사명을 부여함으로써 키우시고, 훈련을 통해서 키워 주시고, 성령의 능력을 부어 주심으로 키우십니다. 상대방이 자랄 수 있도록 키워 주는 것, 그것이 섬김의 모습입니다.

건강한 교회의 특징 중 하나는 계속해서 학습의 기회를 주고 사람들을 키우는 것입니다. 우리가 자라고 성장하는 과정에서 가장 중요한 역할을 하는 것이 학습이기 때문에 그렇습니다. 예수님도 "내게 배우라" 하셨고 또 가르치셨습니다. 사도행전을 보면 초대 교회 교인들도 사도들의 가르침을 받았습니다(행 2:42). 학습은 섬김에 있어서 매우 중요한 것입니다.

어찌 보면, 우리는 누구나 다 교사입니다. 자녀들을 잘 키우는 것도 교사의 일이고, 후배를 가르치는 것도 교사의 일이기 때문입니다. 교사의 역할은 참으로 중요합니다. 사람을 키우는 것이기 때문에 그렇습니다. 바로잡는 것만 가지고는 안 됩니다. 바로잡을 때는 성장이 없습니다. 사람을 키우려면 격려해 주어야 합니다. 사람은 격려하고 칭찬하고 잘 안

내해 줄 때 큽니다. 격려를 통해 학습할 때 사람은 아름답게 성장합니다. 저는 이스라엘 민족을 위대하게 만든 것이 고난과 학습이라고 봅니다. 그런 면에서 학습이 참 중요합니다.

하나님의 임재 앞에 사는 예수님의 영성

예수님의 영성은 하나님의 임재 앞에서 사는 영성입니다. "나를 보내신 이가 나와 함께하시도다 내가 항상 그의 기뻐하시는 일을 행하므로 나를 혼자 두지 아니하셨느니라"(요 8:29).

로렌스 형제는 자신의 책 「하나님의 임재 연습」에서 이런 말을 하고 있습니다. "하나님의 임재란 그분이 언제나 곁에 계시다는 사실을 기억하면서 하나님께만 우리 영혼의 관심을 집중시키는 것이다."

그런데 참 놀라운 것은 하나님과의 친밀한 사랑을 느끼면 느낄수록 우리 안에서도 그 사랑이 똑같이 경험된다는 것입니다. 영성은 거룩한 애정이 깊어지는 것입니다. 하나님과의 거룩한 애정이 깊어질수록 우리 감성도 풍부해지고, 그러면 부부간의 관계도 더 깊어집니다. 또 영성이 깊어지면 관계에서 오는 사랑도 깊어집니다.

3 영성 생활이란 무엇인가?

영성 생활이란 속사람을 가꾸는 것입니다. 우리 마음을 가꾸는 것, 속사람을 가꾸는 것이 하나님 보시기에 값진 일입니다.

영성 생활은 예수님께 뿌리를 내리는 것입니다

영성 생활이란 무엇을 의미하는 것일까요? 예수님의 영성을 추구한다는 것은 문제의 원인을 보는 것이고 뿌리를 가꾸는 것입니다. 뿌리를 가꾸기 때문에 삶이 풍요로워집니다. 골로새서 2장 6-7절은 "그러므로 너희가 그리스도 예수를 주로 받았으니 그 안에서 행하되 그 안에 뿌리를 박으며…"라고 말씀합니다. 예수님 안에 깊이 뿌리를 내리고 거기서 주님의 생명을 공급받는 것, 그것이 영성을 추구하는 생활입니다.

아인슈타인은 정신병자(insanity)를 "똑같은 방법을 반복하면서 다른 결과가 나오기를 기대하는 사람"이라고 정의했습니다. 우리도 지금 똑같은 방법과 똑같은 태도로 살면서 다른 결과를 기대하는 어리석은 삶을 살고 있지는 않습니까?

다른 결과를 기대한다면 다른 방법과 다른 태도를 가져야만 됩니다. 방식보다 더 중요한 게 태도입니다. 시각의 변화입니다. 우리의 인생은 똑같습니다. 어제나 오늘이나 똑같습니다. 다를 것 없는 인생 앞에 실망할 것도 없습니다. 다만 내가 인생을 놀라게 할 것이냐, 인생 때문에 내가 놀라며 살 것이냐를 선택하는 문제가 있을 뿐입니다. 간단합니다. 인생이 놀라도록 만들어야 합니다. 인생은 공평하지 않습니다. 그러나 하나님은 선하십니다. 먼저는 내가 뭘 원하는가를 알아야 합니다. 그 다음에 그 원하는 결과에 대해서 내가 어떤 원인을 제공할 것인가 알면 됩니다. 영성을 추구하는 것도 마찬가지입니다. 영성이 깊어지길 원한다면 예수님께 깊이 뿌리를 내리면 됩니다.

영성 생활은 속사람을 가꾸는 것입니다

영성 생활이란 속사람을 가꾸는 것입니다. 우리 마음을 가꾸는 것, 속사람을 가꾸는 것이 하나님께서 보시기에 값진 일입니다.

"나의 자녀들아 너희 속에 그리스도의 형상이 이루기까지 다시 너희를 위하여 해산하는 수고를 하노니"(갈 4:19). "너희 단장은 머리를 꾸미고 금을 차고 아름다운 옷을 입는 외모로 하지 말고 오직 마음에 숨은 사람을 온유하고 안정한 심령의 썩지 아니할 것으로 하라 이는 하나님 앞에 값진 것이니라"(벧전 3:3-4). "무릇 지킬 만한 것보다 더욱 네 마음을 지키라 생명의 근원이 이에서 남이니라"(잠 4:23).

우리는 뭐든지 소중한 것을 지킵니다. 그러면 무엇이 소중한 것입니까? 바로 우리의 마음입니다. 그래서 마음을 지키라는 것입니다. 하나님이 이 말씀을 하신 것은 마음이 그만큼 소중하고 가치가 있기 때문입니다. 생명의 근원이 여기에서 나오기 때문입니다.

그러면 마음을 지킨다는 것은 무엇입니까? 깨어 있는 마음으로 지켜보는 것입니다. 내 마음을 지켜봐야 합니다. 마음속에 잘못된 것이 들어가지 않았나 하고 말입니다. 마음을 지킨다는 것은 또한 마음을 보호하는 것입니다. 마음의 문 안으로 잘못된 생각, 잘못된 언어, 이런 것들이 들어가지 않도록 보호해야 합니다. 그리고 마음을 가꾸어야 합니다. 좋은 씨앗을 심고 마음의 정원을 가꾸어야 하는 것입니다.

또한 제일 중요한 것은 마음을 따뜻하게 해야 합니다. 마음이 차가우면 안 됩니다. 마음의 온도가 중요합니다. 온도를 지키려면 잘 먹어야 합니다. 즉 말씀을 잘 먹어야 합니다. 복음의 말씀을 먹어야 합니다. 복음을 먹으면 마음이 따뜻해집니다. 복음은 우리를 품는 것이기 때문에 따뜻합니다.

그리고 마음을 유연하게 만들어야 합니다. 완악해지면 안 됩니다. 경직되어서도 안 됩니다. 그러기 위해서 예수님의 마음을 품는 게 중요하다는 것입니다.

영성 생활은 풍성한 열매 맺는 삶을 사는 것입니다

영성 생활이란 풍성한 열매를 맺는 삶입니다. 한 알의 밀알이 땅에 떨어져 썩어야 열매가 맺힙니다. 죽어야지 열매를 맺게 되는 것입니다. 그리고 예수님과 함께 있을 때 열매는 드러나게 되어 있습니다.

예수님 안에서의 영성 생활을 통해 우리가 맺게 되는 열매 중 하나는 인격의 열매입니다. 그리고 또 하나는 봉사의 열매입니다. 나의 것을 다른 사람들과 나누고 그들을 섬기는 것입니다. 그리고 영혼을 구하는 전도의 열매입니다. 우리가 예수님 안에서 밀알이 되어 썩어진다면 우리 삶에서 이러한 열매들이 나오게 됩니다.

영성 생활은 예수님의 성품을 닮아가는 것입니다

영성 생활이란 예수님의 성품을 닮아가는 것입니다. "하나님이 미리 아신 자들로 또한 그 아들의 형상을 본받게 하기 위하여 미리 정하셨으니 이는 그로 많은 형제 중에서 맏아들이 되게 하려 하심이니라"(롬 8:29).

예전에 사역하면서 사람들로부터 이런 얘기를 많이 들었습니다. "생긴 대로 살게 놔두세요." 물론 어떤 의미에서는 맞는 말입니다. 그러나 우리는 생긴 모습대로 사는 차원을 뛰어넘어 예수님의 모습대로 살아야 합니다. 이미지 리메이킹(image remaking)이 필요합니다. 우리는 하나님의 형상을 따라 만들어졌기 때문에 하나님의 형상을 회복해야 합니다. 그래서 이미지를 원래대로 다시 만들어야 합니다.

당신은 어떤 이미지를 가지고 살고 있습니까? 하나님의 이미지를 가지고 살면 매력적인 사람이 됩니다. 매력은 사람의 마음을 끄는 힘입니다. 사람들이 우리에게 끌려오도록 하는 성품을 가진다면 얼마나 좋겠습니까?

우리는 주로 따뜻한 사람, 친절한 사람, 부드러운 사람, 이런 사람들에게 매력을 느낍니다. 매력이 있으면 사람들이 끌려옵니다.

영성 생활은 영적 발돋움을 하는 것입니다

영성 생활이란 영적 발돋움을 하는 것입니다. 헨리 나우웬이 쓴 책 가운데 「영적 발돋움(*Reaching out*)」(두란노 역간)이 있습니다. 아주 좋은 책입니다. 하나님께 발돋움하고, 이웃을 향해 발돋움하고, 또 자신의 내면으로 발돋움하는 것에 대해 이야기하고 있습니다. 우리가 하나님께 발돋움을 하다 보면 자연스럽게 이웃도 돌아보게 됩니다. 야고보는 "하나님 아버지 앞에서 정결하고 더러움이 없는 경건은 곧 고아와 과부를 그 환난 중에 돌아보고 또 자기를 지켜 세속에 물들지 아니하는 이것이니라"(약 1:27)고 말씀합니다.

영성 생활은 하나님께 귀히 쓰임받기 위해 준비하는 것입니다

영성 생활이란 하나님께 귀하게 쓰임받기 위해 그릇을 준비하는 것입니다. 깨끗한 그릇, 거룩한 그릇을 준비하는 것인데, 이것은 우리 노력만 가지고 되는 것은 아니고, 예수님의 은혜로 됩니다.

우리를 거룩하게 만드는 가장 중요한 요소는 은혜이자 사랑입니다. 사랑하면 사랑하는 대상을 향해 거룩해지게 되어 있습니다. 그래서 거룩해지려고 노력하지 말고 사랑하려고 노력해야 합니다. 우리는 발광체가 아니기 때문에 빛을 내려면 빛을 받아야 합니다. 빛을 받으려면 자꾸 빛 되신 하나님께 가까이 나아가야 합니다. 거룩한 분께 가까이 가면 거룩해지게 되어 있습니다. 그리고 거룩하게 되면 하나님께 존귀하게 쓰임 받게 됩니다.

참된 영성의 추구는 존재의 변화에 있지만 그렇다고 사역을 무시해서도 안 됩니다. 요한복음 15장 5절을 보면 "저가 내 안에, 내가 저 안에 있으면 이 사람은 과실을 많이 맺나니"라고 말씀하셨지만, 16절을 보면 "너희가 나를 택한 것이 아니요 내가 너희를 택하여 세웠나니 이는 너희로 '가서' 열매를 맺게 하고"라고 하셨습니다. 우리가 예수님 안에 거할 때 열매를 맺지만 또한 가서, 즉 뻗어 나가서 열매를 맺어야 하는 것입니다.

영성 생활은 그리스도가 내 안에 내가 그리스도 안에 거하는 것입니다

영성 생활이란 그리스도가 내 안에, 내가 그리스도 안에 사는 삶을 말합니다. 사도 바울의 고백처럼 말입니다.

"나의 간절한 기대와 소망을 따라 아무 일에든지 부끄럽지 아니하고 오직 전과 같이 이제도 온전히 담대하여 살든지 죽든지 내 몸에서 그리스도가 존귀히 되게 하려 하나니 이는 내게 사는 것이 그리스도니 죽는 것도 유익함이니라"(빌 1:20-21).

"내가 그리스도와 함께 십자가에 못 박혔나니 그런즉 이제는 내가 산 것이 아니요 오직 내 안에 그리스도께서 사신 것이라 이제 내가 육체 가운데 사는 것은 나를 사랑하사 나를 위하여 자기 몸을 버리신 하나님의 아들을 믿는 믿음 안에서 사는 것이라"(갈 2:20).

영성 생활은 영성 훈련을 통해 자유함에 이르는 것입니다

영성 생활이란 영성 훈련을 통해 자유함에 이르는 것입니다. 자유함에 이르기 위해서는 섬김과 절제의 훈련이 필요합니다. 우리를 가장 억압하고 있는 생각 중 하나가 '나는 언제나 섬김을 받아야 된다' 는 생각입니다. 내가 인정을 받아야 된다고 생각하는 것만큼 무거운 짐이 없습니다. 그런데 섬기다 보면 그런 무거운 짐으로부터 자유하게 됩니다. 그러므로 섬김은 큰 축복입니다. 섬김을 통해 자유함을 누리게 됩니다.

또 자유함은 절제에 있습니다. 내가 절제한 만큼 자유로워지는 것입니다. 내가 음식을 절제할 능력이 없다면 그건 자유롭지 못한 것입니다. 내가 원할 때 음식을 멈출 줄 알아야지 진정한 자유자가 되는 것입니다. 그러니까 절제를 훈련하지 않으면 자유함에 이르지 못합니다. 운동선수들은 엄청난 훈련과 절제를 통해 자유함에 이르게 됩니다. 수영 선수는 훈련을 통해 물속에서 자유롭게 됩니다. 탁월한 연주자는 고통스런 훈련과 연습을 통해 원하는 바를 자유롭게 표현하게 됩니다. 참된 영성은 자유함에 이르는 영성입니다(요 8:32). 자유함에 이르기 위해서는 섬김과 절제의 훈련을 연습해야 합니다.

영성 생활은 어떤 환경에서든지 자족하는 것입니다

영성 생활이란 어떤 환경에서든지 자족할 줄 아는 것입니다. 자족은 겸손에서 나옵니다. 내가 더 잘되어야 한다고 생각하면 불평이 나오기 시작합니다. 그러나 이렇게 사는 것도 감사하다고 생각하면 자족할 수 있습니다. 자족하게 되면 부유해집니다. 많이 가진 자가 부자는 아닙니다. 만족할 줄 아는 사람이 진정한 부자입니다. 그런 사람만이 자신의 것을 나눌 수 있습니다.

영성 생활의 최고 열매는 사랑입니다

영성 생활의 최고 열매는 사랑에 있습니다. 사랑은 관심입니다. 다른 사람에 대한 관심입니다. 그리고 사랑은 나눔입니다. 또한 자기희생입니다. 진정한 영성을 추구하는 삶은 자기를 발견하고 계발하는 것을 넘어 자기를 초월하는 데까지 이르는 것입니다. 그것은 다른 사람을 위해서 희생하는 삶입니다.

"사랑은 오래 참고 사랑은 온유하며 투기하는 자가 되지 아니하며 사랑은 자랑하지 아니하며 교만하지 아니하며 무례히 행치 아니하며 자기의 유익을 구치 아니하며 성내지 아니하며 악한 것을 생각지 아니하며 불의를 기뻐하지 아니하며 진리와 함께 기뻐하고 모든 것을 참으며 모든 것을 믿으며 모든 것을 바라며 모든 것을 견디느니라"(고전 13:4-7).

>>> 향나무와 같은 영성을 추구하십시오.

영성 가운데 제일 중요한 영성은 용서의 영성입니다. 우리는 고난과 훈련을 통해서 깊어지지만, 용서를 통해서는 위대해집니다. 하나님을 닮게 됩니다. 제일 위대해지는 삶의 순간은 역시 용서할 때라고 생각합니다.

예수님은 향나무와 같은 삶을 사셨습니다. 향나무는 찍혀도 찍혀도 향을 발합니다. 예수님은 어떤 공격을 받더라도 향을 발하셨습니다. 사람들을 다 용서하시고 그들의 흉기를 향기로 바꾸셨습니다. 그렇기 때문에 영성의 극치는 역시 용서가 아니겠는가 생각합니다. 십자가에서 돌아가실 때 예수님은 용서하는 모습이었고, 스데반도 죽음의 순간에 용서의 기도를 드렸습니다. 요셉도 그 형들에게 보복하지 않았습니다. 그들을 끝까지 용서했습니다.

그렇다면 용서의 영성은 어떻게 추구할 수 있을까요? 먼저는 내가 하나님의 용서를 경험하고 확신해야 합니다. 내 모든 죄가 다 용서받았다는 사실을 거듭 누리고 지나간 과거가 깨끗해졌다는 것을 거듭 확신해야 합니다. 그리고 감격해야 합니다. 내가 누리는 것만큼 용서할 수 있기 때문입니다. 내가 확신하는 만큼 용서할 수 있기 때문입니다.

용서를 확신하는 과정에서 중요한 것은 철저하게 내가

> 예수님은 향나무와 같은 삶을 사셨습니다. 향나무는 찍혀도 찍혀도 향을 발합니다. 예수님은 어떤 공격을 받더라도 향을 발하셨습니다. 사람들을 다 용서하시고 그들의 흉기를 향기로 바꾸셨습니다. 영성의 극치는 그런 예수님의 성품을 우리 안에 심는 것입니다.

죄인이라는 사실을 깨닫는 것입니다. 거기에 회개가 있습니다. 저는 제 자신에게 아주 깊이 절망한 적이 있습니다. 그 경험은 소중한 경험이었습니다. 제 자신에 대해 철저히 절망한 후부터 저는 누구도 감히 정죄할 수 없었습니다. 왜냐하면 내가 너무나 엄청난 죄인임을 깨달았기 때문입니다. 누가 무슨 죄를 지었다 해도 그럴 수 있겠다고 생각합니다. 왜냐하면 제 안에도 그 사람과 같은 죄의 모습이 있기 때문입니다.

용서의 확신은 하나님의 성품에 근거를 두어야 합니다. 하나님은 약속을 지키시는 분입니다. 우리가 예수님을 믿으면 용서하겠다고 약속하셨기에 우리가 용서받았음을 확신하는 것입니다. 용서의 느낌도 중요하지만 하나님의 약속, 하나님의 성품에 근거한 확신이 있어야 합니다. 그리고 그것을 믿고 누리면 됩니다.

인간의 약속이나 성실함에는 한계가 있습니다. 그러나 하나님께는 한계가 없습니다. 우리가 받은 용서의 확신은 그 근거가 인간의 약속이나 성품이 아닙니다. 하나님의 성실하심, 하나님의 충성되심, 하나님의 신실한 약속에 그 근거가 있습니다. 그 성품과 약속 앞에 우리 자신을 내맡기는 것입니다. 그때 우리는 용서의 확신을 경험하게 됩니다. 용서를 누리게 됩니다.

진정한 영성의 최고봉은 노력이나 훈련이라기보다 은혜입니다. 내가 훈련할 수 있는 것도 은혜 안에 있기 때문입니다. 은혜가 없이는 영성 훈련도 불가능합니다. 은혜의 공급이 있을 때 영성 훈련이 기쁨의 훈련이 되는 것입니다. 내 자신을 기꺼이 변화시킬 수 있는 것도 은혜 안에서 사랑을 받고 있기 때문에 가능한 것입니다. 나를 사랑하는 그분의 사랑을 느끼기 때문에, 내가 사랑하는 분의 기대를 따라서 내 삶을 변화시키고 있는 것입니다. 사랑하는 분의 은혜 안에서 내 삶이 변화되고 있는 것입니다.

그런 까닭에 영성을 추구한다는 것은 그렇게 고되고 우울한 게 아니라 밝고 아름답고 풍요로운 것입니다. 참된 영성은 침울한 것이 아닙니다. 예수님의 영성은 밝고, 맑은 영성입니다. 예수님의 밝은 영성과 맑은 영성으로 풍성한 생명을 누리길 빕니다.

지성, 감성, 영성의 대화

특별했던 하나님과의 개인적인 만남을 나눠 주십시오.

질문_ 세 분 목사님들을 통해 좋은 말씀 들었습니다. 그 말씀 이면에는 하나님과 가졌던 친근하고 개인적인 교제가 있을 것 같습니다. 자연을 통해서, 혹은 사람들을 만나면서 하나님을 느낄 수도 있고, 하나님 앞에 엎드렸을 때나 대화하면서 하나님을 경험할 수도 있을 것 같은데, 참 좋았던 하나님과의 만남에 대해 나눠 주셨으면 합니다.

나의 부족도 인정하게 해주신 하나님

장경철 : 저는 원래 염세주의자였습니다. 삶의 의미도 잘 몰랐고 '더 산다고 뭐하나?' 이런 생각이 많았습니다. 쇼펜하우어의 책도 열심히 읽고 그랬는데, 어떻게 하다가 하나님의 은혜를 깨닫게 되었습니다. 그리고 생각조차 해 본 적 없는 신학을 하게 되고 이 자리까지 왔습니다.

하나님이 은혜를 주시니까 보는 것이 달라졌습니다. 사는 것은 옛날과 똑같은데 안 보이던 것들이 보이기 시작했습니다. 학위 논문을 쓸 때 참 힘들었습니다. 공부를 시작한 것이 원망스럽기까지 했습니다. 일주일 내내 책을 읽어도 글 한 줄을 못 쓰는 것입니다. 그래서 차라리 내가 접시를 닦았다면 쌓이는 접시라도 있을 텐데 하면서 절망에 빠지곤 했습니다. '난 바보인가 보다, 이러다가 미치는 건 아닐까' 하는 생각도 들었습니다.

그런데 어느 초가을 날 도서관에서 기숙사로 밥을 먹으러 가는 중에 나뭇잎 사이로 비치는 햇살이 너무나 아름다워 보이는 것이었습니다. 그래서 문득 이런 생각을 해보았습니다. '세상이 이토록 아름다운데 그중에 한두 사람 논문 못 쓴다고 큰 문제가 되겠나.' 생각의 변화였습니다.

저는 지금껏 꿈을 가져 본 적이 없습니다. 어떻게 하다가 하나님의 은혜로 여기까지 온 것입니다. 그 과정에서 큰 전환점을 맞게 된 게 뭔가 봤더니 다른 사람들은 잘하는데 나는 못하는 것이 그렇게 나쁜 것만은 아니구나 하는 깨달음을 얻고 나서부터입니다. 나는 다른 분들이 잘하는 것을 전달하고 유통해 주는 사람이 되어야겠다는 생각을 한 것입니다. 비록 생산은 못하더라도, 유통하고 전달하는 역할을 감당하는 것으로부터 행복을 향한 첫 번째 발걸음을 내디뎠던 것 같습니다.

자전거를 통해서 만나는 하나님

전병욱 : 우리 삶 자체가 다 만남이라는 생각이 듭니다. 대부분 성경을 읽으면서 하나님을 만나게 되지요. 또한 각자 삶의 자리에서 하나님을 경험하게 됩니다. 어떤 분야를 통해서건 하나님의 말씀을 표현할 수 있는데 저 같은 경우는 자전거를 타면서 그 작업을 합니다.

하나님께서 오늘도 이렇게 목회자 세 명을 세우셨습니다. 강 목사님, 장 교수님, 저. 우리가 다 빛깔이 다릅니다. 그래서 각 프리즘을 통해 보여 줄 수 있는 세계도 다 다릅니다. 저처럼 자전거 타면서 즐거워하는 사람도 하나쯤 있으면 좋지 않겠습니까?

참 놀라운 것은 제가 「목회와 신학」이나 「빛과 소금」 같은 신앙 잡지에 글을 쓰면 연락 주는 사람도 몇 없고 별 반응이 없습니다. 그런데 「바이시

클 라이프(Bicycle Life)」에 글을 쓰면 다릅니다. 불신자들인데도 오십 명씩, 백 명씩 우리 교회로 몰려옵니다. 그래서 이제 목사의 세계도 이 교회라는 울타리를 좀 넘어서야 되겠구나, 불신자 속에 들어가서 그들이 알아들을 수 있는 언어로 하나님 말씀을 표현하는 게 중요하겠구나 하는 생각을 합니다. 그래서 제가 일부러 더 자전거 용어를 씁니다. 자전거 동호회가 60만 명이 있는데 그들도 제게는 중요한 전도 대상이기 때문입니다.

제 생각에는 주 5일제로 바뀌면서 스포츠 마케팅이 강화되듯이 스포츠 선교도 중요해질 거라고 생각합니다. 그래서 저는 자전거를 통해서 하나님이 주신 능력을 펼쳐 보려고 합니다.

기독교적 세계관과 다른 학문을 어떻게 융합할 수 있을까요?

질문 : 책을 읽을 때 부딪치는 어려움인데요, 신앙 서적은 성경의 가르침과 모순이 안 되니까 그냥 의심하지 않고 읽을 수 있는데, 다른 학문을 하면서 읽는 책들은 제 마음에 많은 의심을 일으키는 것 같습니다. 특히 대학에 들어와서 그런 것을 많이 느끼게 됩니다. 이런 것을 어떻게 기독교적 세계관 안에서 융합시킬 수 있는지 조언을 부탁드립니다.

일상에서 얻은 깨달음을 성경과 연결하는 포괄적인 성경 읽기

장경철 : 사람이 무엇에 대해 의심을 가진다는 것은 지극히 자연스러운 일인 것 같습니다. 저도 의심이 많은 편입니다. 저를 닮아서 그런지 저

희 아이들도 의심이 상당히 많습니다. 예전에 우리 첫째 아이가 하는 말이 산타클로스 할아버지가 정말 계신지 솔직히 대답하랍니다. 그래서 "아빠 어렸을 땐 계셨는데 지금도 계시지 않겠니?" 했습니다. 아이들은 그래도 이상하다는 것입니다. 뭐가 이상하냐고 했더니 산타클로스 할아버지가 주신 선물의 포장지가 우리 동네 문방구의 포장지라는 것입니다.

소개하고 싶은 지침은 포괄적인 성경 읽기를 하라는 것입니다. 일상에서 얻은 깨달음들을 성경 말씀에서 찾아 연결하는 작업입니다. 성경이 정말 하나님의 말씀이라면 우리가 일평생 깨닫고 인류가 발견하게 될 모든 지식이 다 이 안에 있을 것 아닙니까? 성경에 있는 지식들을 실이라 하고 우리가 발견한 것들을 구슬이라 한다면 그것들을 엮어 가는 것입니다.

우리에게 상상력이 필요합니다. 씨앗을 살펴보더라도 생명력을 가진 작은 씨앗이 흙과 만나 자기 표현을 하지 않습니까? 그런 면에서 하나님이 우리에게 새로운 발견이나 깨달음을 주셨다고 하는 것은 우리의 상상을 통과한 새로운 증거를 우리에게 맡기셨다는 의미도 되는 것입니다.

의심은 더 깊은 진리에 이르는 과정입니다

강준민 : 의심은 관심이 아니겠는가 하는 생각이 듭니다. 의심하며 질문해 보는 것은 진리에 이르는 과정에서 아주 중요합니다. 그런 면에서 의심을 너무 정죄하지 말고 더 깊은 진리로 들어가기 위한 과정으로 보면 어떻겠는가 하는 생각입니다. 그럼에도 불구하고 쓸데없는 의심도 있지

않습니까? 그런 것들은 자신의 의심 자체를 의심해 보는 게 필요하다고 생각합니다.

어떤 길을 계획하고 선택할 때 어떻게 확신을 얻는지요?

질문 : 선택의 상황에서 하나님의 뜻을 구할 때 느끼는 것인데요, 때로는 설교 중에 마음에 와 닿는 한마디 말씀을 통해서 응답을 받기도 하고, 때로는 마음이 이끄는 대로, 또는 생각지 않았던 꿈을 통해 하나님의 응답이라고 생각하기도 하는데, 이런 얘기를 주위 사람들한테 하면 황당하다는 표정을 짓습니다. 저는 분명 하나님의 응답이라고 생각하는데 다른 사람들은 우연일 수도 있다고 말하거든요. 목사님께서는 어떤 길을 계획하고 선택하실 때 어떤 방법을 통해서 확신을 얻는지 알고 싶습니다.

좁은 문으로 들어가면 결과가 좋습니다

강준민 : 분별력의 문제인데, 저는 선택에 있어서 제일 중요한 게 상식이라고 생각합니다. 상식이 깊어지면 지혜가 되거든요. 우리 그리스도인의 삶 가운데는 상식이 너무 부족한 것 같습니다. 우리는 상식적이면서도 상식을 초월해야 합니다. 그리고 그 과정에서는 언제나 하나님의 전체적인 경륜을 보는 게 중요합니다.

제가 황당하게 생각하는 것 중 하나가 부모들이 자기 자녀를 목회자로 만들겠다고 서원하는 것입니다. 재능과 은사가 없는데 너도 나도 목사가 되니까 지금 교회가 이렇게 어려워지는 것입니다. 서원을 하려면 자신의 재능에 맞게 쓰임받을 수 있도록 해야 할 것 같습니다. 상식적인 데서 시작하는 것이죠.

제 경우 선택의 상황에서 항상 어려운 쪽을 택하는 편입니다. 어렵거나 손해를 보는 쪽을 선택하면 거의 정확한 것 같아요. 항상 지고 살 수는 없지만 내게 유리한 쪽보다는 불리한 쪽으로 가면 결과가 좋은 것 같습니다. 지금까지 제가 걸어온 길도 대부분 남이 안 가려고 하는 쪽이었습니다. 동양선교 교회에 부임하게 된 것도 실은 그때 교회가 참 어려웠던 때였거든요. 좁은 문으로 들어가면 항상 결과가 좋은 것 같습니다.

마음의 소원, 은사, 열매, 그리고 현장이 좋은 안내자입니다

전병욱 : 왜 그런 질문이 나오는가 하면 현장에 있지 않아서라고 생각합니다. 자기의 길이 올바른 것인지 알려면 먼저는 마음의 소원이 있어야 되고, 또한 은사와 열매가 있어야 합니다.

이 세 가지가 원칙인데, 우리 한국의 젊은이들은 공부를 너무 오래하는 것 같습니다. 잘못된 소원인지도 모르고 그 소원만 붙들고 공부하는 것입니다. 그러니까 은사가 있는지 없는지, 열매가 있는지 없는지를 서른이 넘어서야 판단하게 됩니다. 아니다 싶어도 돌이킬 수가 없는 것입니다. 그러니까 빨리 해 봐야 됩니다. 마음에 소원이 있는 것은 곧장 해 보는 것입니다. 그래서 나한테 맞으면 거기에 은사가 있는 것이고 거기다 열매도 있다면 그 방면에서 더 계발할 수 있는 것입니다. 그게 아니라면 6개월 내로 포기하고 다른 길로 가면 됩니다. 그래도 괜찮습니다.

대개 이걸까 저걸까 고민하는 사람을 보면 고민만 한 일 년 정도 합니다. 남들은 벌써 두세 가지 해 보고 다른 거 찾고 있는데 말이죠. 그러니까 현장 속에 들어가면 그런 고민은 싹 사라진다고 생각합니다.

도전하는 용기, 돌아서는 유연성을 잘 구사하십시오

장경철 : 하나님의 뜻을 구하는 데 있어서 꼭 필요한 것은 용기와 유연성인 것 같습니다. 예를 들어 마음속에 사업 구상이 있다면 실패하더라도 도전하는 것이 용기입니다. 그러다가 아니면 방향 전환을 할 수 있어야 합니다. 틀리지 않기를 기대하지 말고, 틀린 것이 발견되었을 때 고칠 수 있는 사람이 되는 것입니다. 하나님의 뜻은 용기와 유연성의 지속적인 결합에 의해서 계시된다고 믿습니다.

그런데 우리는 용기와 유연성을 결합하기보다는 소심함과 고집을 결합합니다. 대개 처음에는 소심한 가운데 시도하기를 미룹니다. 그리고 한번 시작하면 고칠 생각을 하지 않고 고집을 부립니다. 처음부터 안 틀리려고 하는 것보다는 한번 도전해 보고 아니면 하나님이 고쳐 주실 것을 구하는 게 필요하다고 생각합니다. 완벽한 그림이 완벽한 스케치에서 시작되는 것은 아니거든요. 스케치를 너무 완벽하게 하려고 하다 보면 아예 그림을 그리지 못하게 될 수도 있습니다.

하나님이 주신 꿈과 참다운 사귐을 막는 꿈의 차이는 무엇인가요?

질문 : 사람들에겐 어렸을 때부터 가졌던 꿈과 비전이 있습니다. 저 역시 그런 꿈을 가지고 열심히 믿음 생활을 해 왔는데, 어느 순간 '이것이 과연 하나님의 뜻과 부합하는가?' 라는 의문이 들었습

니다. 그래서 제법 긴 영적 침체에 빠지게 되었는데 강준민 목사님의 「꿈꾸는 자가 오는도다」를 보면서 다시 힘을 얻었습니다.

그런데 장 교수님 강의 중에 "그리스도인의 사귐 속에 들어오는 인간의 희망적인 꿈이야말로 참다운 사귐을 가로막는 것입니다"라는 인용문을 듣고 굉장한 혼란이 생깁니다. 여기서의 꿈과 강준민 목사님이 말씀하신 꿈의 차이점이 무엇인지 알고 싶습니다.

실패까지도 끌어안는 꿈이 되어야

장경철 : 헷갈리는 것이 반드시 나쁜 것만은 아닙니다. 다시 한번 생각하게 하고, 정교한 구분을 하도록 돕기도 하니까요. 저는 "여호와를 기뻐하라 저가 네 마음의 소원을 이루어 주시리로다"(시 37:4)라는 말씀으로 은혜를 많이 받았습니다. 내가 열심히 노력하는 것도 중요하지만 역시 최종적으로 결재해 주시는 분은 하나님이시구나, 내가 하나님을 기뻐하게 될 때 그분이 모든 과정과 마무리까지도 책임져 주시는구나 하는 것을 깨달았기 때문입니다.

그런데 우리가 소원을 이루고 기도 응답을 받으려면 욕심을 버려야 한다고 합니다. 그러면 소원하고 욕심하고 어떻게 다릅니까? 둘 다 바라고 원하는 것이지만 욕심은 내가 원하는 것을 내가 원하는 때에 나의 방법으로 얻어야겠다는 집착입니다. 반면 소원은 정말 간절히 원하고 바라는 것입니다. 그래서 소원에서 하나님의 주권을 빼 버리면 정확하게 욕심이 됩니다.

이 논리가 꿈의 논리에도 적용될 수 있을 것입니다. 본 회퍼가 「신도의 공동생활」에서 문제를 삼는 것은 꿈 자체가 아닙니다. 그 꿈에 대해서 하나님의 주권 없이 내가 주인이 되어 이루려고 하는 것이 문제가 된다는 것입니다. 꿈을 이루어 가지만 그 과정에서 겪는 실패를 미워하지 않는 것, 그 실패를 통해 오히려 은혜를 맛보는 것이 중요하다는 것입니다. 꿈이 현실을 미워하도록 만들면 안 되니까요.

꿈은 좋은 것이지만 꿈만 꾸다가 이상형만 붙잡으려 해선 안 될 것입니다. 꿈이나 이상이라는 것은 자신에게 결핍된 부분을 이상화하여 채우려는 노력이라 할 수 있습니다. 자기가 꿈꾸고 이상적으로 생각하는 것은 대개 자기가 못 가져 본 것일 수 있거든요. 미팅에 나갈 때도 '내 남자친구는 아무개처럼 잘생긴 사람이어야 해' 하고 이상형을 그립니다. 그런데 막상 만나 보면 아니거든요. 그러니까 건성으로 아무렇게나 상대방을 대하고 돌아오는 것입니다. 결과적으로 어떤 일이 벌어질까요? 나의 이상형이라는, 만나지 못한 그 한 사람 때문에 오늘의 만남을 하찮게 여기게 되는 것입니다. 만날지 못 만날지도 모르는 그 한 사람 때문에 말입니다. 그보다는 꿈을 가지되 그 꿈에 이르는 실패나 좌절마저도 끌어안고 사랑하게 된다면 하나님께서 내가 생각하고 꿈꾼 것보다 더 멀리 인도해 주시지 않을까 생각합니다.

영적 싸움을 어떻게 다루어야 합니까?

질문 : 얼마 전에 어떤 분의 메시지를 듣는데 결정적인 순간에 말씀을 방해하는 소음 같은 게 있었습니다. 그래서 잘은 모르지만 이런 게 영적 싸움인가 하는 생각이 들었는데, 세 분은 어떻게 영적

인 싸움을 하고 계신지, 또한 마귀의 역사를 어떻게 보시는지 설명해 주시기 바랍니다.

마귀의 역사보다 성령의 역사에 초점을 맞춰야

강준민 : 예수님을 믿으면서 경험하게 되는 것이 세계관의 변화라고 생각합니다. 그래서 저는 성경 말씀을 통해 영적인 세계를 접하는 느낌을 먼저 받았습니다.

제가 성장했던 교회는 마귀의 역사가 많이 있었습니다. 제 친구 하나도 귀신 들려서 사람들이 예수 이름으로 쫓아내 준 적이 있습니다. 그래서 저는 처음 예수님 만났을 때 몹시 두려웠습니다. 예수님도 알았지만 마귀의 존재를 보며 생활하다 보니까 그런 두려움이 강했던 것 같습니다.

이렇게 보이는 것 외에도 우리 삶에는 보이지 않는 마귀의 역사가 많이 있습니다. 그것을 의식하는 것은 매우 중요합니다. 하지만 너무 그쪽에 몰입하는 것은 좋지 않습니다. 그리스도인의 삶은 밝은 것인데 마귀에게 너무 집중하고 묵상하다 보면 마귀가 역사합니다.

유명한 선교사인 스탠리 존스는 설교할 때 마귀 얘기를 잘 안 했다고 합니다. 마귀에 대해 말하면 진짜로 마귀가 역사했기 때문입니다. 성령님을 얘기하면 성령의 역사가 있게 됩니다. 어떤 언어를 쓰느냐의 문제인데, 언어가 곧 그 실재를 풀어놓게 되는 것입니다. 우리가 영적인 존재에 대해 너무 무지하거나 그것을 무시해도 안 되지만, 그렇다고 거기에 집착하거나 몰입해도 좋지 않습니다. 빌리 그레이엄 목사는 '마귀론'에 대해 책을 썼다가 출판하지 않고 '천사론'과 '성령론'에 대한 책을 출판

했다고 합니다. 더 중요한 게 있더라는 것입니다. 그런 면에서 우리는 하나님 안에서, 그리스도 안에서 우리 존재와 자아상을 찾는 쪽으로 접근하는 게 더 필요하지 않나 생각됩니다.

그리스도 안에 있는 영성은 밝음, 곧 빛이라고 생각합니다. 빛을 받아들이면 어둠은 자연스럽게 물러가게 되는 것입니다. 굳이 어둠을 추방할 필요가 없는 것이죠. 우리는 무슨 문제가 있으면 곧잘 마귀의 역사라고 말하는데 우리가 책임져야 할 부분도 많은 것 같습니다. 여기서도 균형을 이루는 것이 필요한 것입니다. 영적인 세계를 의식하되 주님에게 초점을 두고 또 밝음에 초점을 두는 것이 승리의 비결이 아닌가 생각됩니다.

영적 싸움의 완결은 하나님의 손에 달려 있습니다

장경철 : 어둠보다는 빛에, 마귀보다는 주님께 초점을 맞추는 것이 중요하다는 말씀에 공감하면서, 강준민 목사님의 답변에 좋은 예가 될 만한 이야기를 하나 소개하고 싶습니다. 어떤 목사님에게 아들이 둘 있는데, 아이스크림을 먹을 때 첫째 아들이 자기 것을 다 먹고 동생 것을 뺏어 먹더라는 것입니다. 그냥 뺏어 먹는 게 아니라 가위 바위 보를 해서 이긴 사람이 한 입씩 먹자고 동생을 얼러서 처음 몇 번은 져 주다가 마지막에 이기면 한 입에 다 먹어 버린답니다. 이러면 동생은 순식간에 당한 일이라 통곡을 합니다.

그런데 동생이 통곡을 할 때, 꼭 안방을 향해서 한답니다. 자기 아이스크림을 빼앗아 먹은 형을 향해서가 아니라 꼭 부모를 향해서 통곡한다는 것입니다. 이 아이가 나이는 어리지만, 하나 깨달은 것이 형은 뺏어먹을 능력은 있어도 그걸 복구해 줄 능력은 없다는 것입니다. 그래서 형에게 빼앗겼지만 아버지가 계시는 안방을 향해서 달라고 통곡하는 것입니다. 사람을 향해서 싸우지 않고, 아버지가 계신 안방을 향해서 간구하는 것을 '영적인 싸움'이라고 합니다.

신앙인으로서 자기 계발을 위해 어떤 노력을 해야 합니까?

질문 : 세 분 목사님들은 저작 활동도 하면서 매우 바쁜 사역을 하시는 걸로 알고 있습니다. 바쁜 생활 가운데서 자기 성장이나 계발을 위해 어떻게 노력하고 계신지 알고 싶습니다. 그리고 책도 많이 보시는 걸로 정평이 나 있는데 책을 통해 자기 발전과 계발을 이루어 가는 방법도 알고 싶습니다.

끝으로 오늘날 한국이라는 목회 상황에서 목회자들이 시대에 뒤처지지 않고 시대의 흐름을 거슬러 가기 위해 어떻게 해야 할지 조언 부탁 드립니다.

사랑에서 비롯된 독서, 그 유익들

강준민 : "책 속에 길이 있다"는 말처럼 책은 말이 아닌 만남이라고 생각합니다. 만남을 통한 변화지요. 지금도 두 목사님과 만나서 많은 것을 배우듯이 책을 통해서도 많은 기회를 얻을 수 있습니다. 하지만 준비는 자신이 해야 합니다. 준비되지 않은 사람에게는 기회가 잘 보이지 않는 법입니다. 많은 분들이 성공에 대한 의지는 있지만 성공을 준비하기 위한 의지는 약한 것 같습니다. 어떻게 그 의지를 키울 수 있느냐가 중요한데,

그것은 역시 꿈과 사랑이라고 생각합니다.

책을 몇 권 읽느냐보다 중요한 건 사랑이라고 생각합니다. 그래서 저는 제가 섬기는 주님의 양들에게 가장 좋은 꼴을 먹이기 위해 독서를 합니다. 가장 좋은 것을 유통하는 데 책이 많은 도움이 되기 때문이죠.

제가 다독을 하게 된 배경 중 하나는 20여 년 전, 척 스윈돌 목사님의 강의를 듣고 나서부터입니다. 이분이 강의 중에, 자신은 한 달에 백여 권 정도의 책을 소화한다고 말씀하셨습니다. 그때는 도저히 상상을 못했습니다. 한 달에 백 권이라니? 그러나 그때 제 마음속에 거룩한 야망이 생겨났습니다. 가능하니까 그렇게 말했겠죠? 그런데 조금씩 그게 가능해졌습니다.

이렇게 사랑 때문에 독서를 시작하게 되었고 또한 너무 모르는 게 많다 보니 책을 읽게 되었습니다. 알면 알수록 모르는 게 많아지고, 틈새가 자꾸 보이고, 그래서 그 틈을 채우기 위해 공부하고, 그러다 보니 자기 계발도 가능하지 않았나 생각합니다. 저 역시 특별하게 큰 교회를 꿈꾼 적이 없는데 하나님의 은혜로 여기까지 떠밀려 온 것 같습니다. 그리고 주어진 그 자리에서 최선을 다하다 보니 그 결과로 책도 나오게 된 것이고요.

저 같은 경우, 장기 목회를 하다 보니 똑같은 언어를 쓰면 회중들이 싫증을 느끼기 쉽습니다. 장기 목회에서 가장 위험한 게 권태거든요. 그 권태를 이길 수 있는 방법이 신선한 표현이 아닌가 생각하는데 그 길이 바로 독서에 있다고 생각합니다. 그래서 지금도 열심히 책을 읽고 있습니다.

앞으로 쓰시고 싶은 책의 주제나 소망은 무엇입니까?

질문: 개인적으로 생을 마감하기 전에 꼭 한 번 목사님들처럼 글을 쓰고 싶은데요, 앞으로 쓰시고 싶은 책의 주제나 소망하는 것들이 있다면 무엇인지 알고 싶습니다.

사람들을 섬기고 사랑하는 마음으로

강준민 : 사랑인 것 같습니다. 책을 쓰는 것은 나를 위함이 아니라 독자들의 필요를 위해서라고 생각합니다. 그들에게 필요한 게 뭘까, 어떻게 하면 삶 속에서 주님을 경험하도록 도울까, 어떻게 하면 스스로 문제를 해결할 수 있도록 도울까 하는 마음으로 시작한 것입니다. 그래서 존재의 의미와 가치를 깨닫게 하고, 알고는 있지만 표현할 수 없었던 것에 언어를 주는 것, 그것이 책이라고 봅니다.

책의 주제에 관해서는 목회자마다, 저자마다 다르다고 생각합니다. 장 목사님 강의를 들으면 정말 지성이 숨을 쉬는 것 같고 전병욱 목사님 설교나 강연을 듣고 있으면 두 손이 불끈 쥐어지거든요. 하나님이 주신 은사가 다 다르기 때문이지요. 그래서 저는 제 나름의 색깔과 분위기로 글을 쓰고 싶고, 그렇게 사람들을 섬겼으면 하는 마음입니다.

성경 이해에 도움을 줄 수 있는 책을 내고파

장경철 : 제가 보니까 책을 내는 분이나 안 내는 분이나 공부하는 분량에 있어서는 별 차이가 없는 것 같습니다. 예전에 책을 많이 내시는 분께 여쭤 보니까 그분의 말씀이 책을 안 내는 사람들은 좋은 책 한 권을 내려고

많은 준비를 하다 보니 못 내고 있는 것이라고 하시더라고요. 자신도 처음엔 그런 생각으로 오랫동안 많은 준비를 했는데, 막상 해 보니까 그게 아니었답니다. 많이 준비한다고 좋은 책이 나오는 게 아니더랍니다. 오히려 여러 책을 내다 보면 열 권 중에 한 권쯤 괜찮은 책이 나온다는 것입니다. 도움이 되는 말씀이었습니다. 개인적으로, 중요한 단어들과 신학적인 개념들을 정리해서 성경 이해에 도움을 줄 수 있는 책을 한 권 쓰고 싶습니다.

지성, 감성, 영성 계발을 위한 한마디

질문 : 저의 올해 목표가 지성과 영성과 전문성을 갖춘 사람이 되자는 것인데 감성까지 포함하여 더 열심히 살아야 할 것 같습니다. 마지막으로 세 분 목사님들이 지성과 감성, 영성의 계발을 위해 꼭 해 주시고 싶은 말씀이 있다면 무엇인지 듣고 싶습니다.

삶의 자연스러움을 누리길

강준민 : 그리스도인의 삶에서 정말 중요한 게 자연스러움이라고 생각합니다. 삶의 현장에서 은혜를 누리는 것이죠. 그런데 우리는 너무 경건해서 하나님보다도 더 경건해지려고 하는 것 같습니다. 기도원에서만 하나님을 만나는 것은 아니거든요. 종교에 중독되지 않고 삶의 현실을 정확하게 직시하여 그 속에서 하나님 나라를 누리고 자연스러운 삶을 살아가는 것이 필요합니다.

　제가 좀 어려웠을 때 한 상담자를 만났는데 그분이 이런 말을 해 주었습니다. "목사님, 목사님은 하나님이 아닙니다. 인간이 되는 것만큼 아름다운 모험은 없습니다. 인간이 되십시오."

우리가 영성을 추구하는 것은 좋은데 하나님보다 경건하려고 하니까 삶이 어려워지는 것 같습니다. 그런 면에서 자연스러운 삶 가운데 은혜를 누릴 수 있었으면 합니다.

이론이 아니라 생활

전병욱 : 비슷한 얘기인데, "Enjoy Yourself." 여러분의 인생을 누리십시오. 우리는 자꾸 이론을 얘기하는데 그냥 살아 버리는 게 중요합니다. 신앙생활입니다. 신앙이 아니라 신앙생활. 기쁨, 자꾸 얘기만 하지 말고 그냥 기뻐하고, 용서에 대해 얘기만 하지 말고 용서하고, 그리고 믿음에 대해 자꾸 얘기하지 말고 그냥 믿으면 되거든요. 그렇게 살다 보면 내가 잘못 살아서 주위의 반응이 안 좋아지는 경우가 있습니다. 그러면 수정해 나가는 것입니다. 그것은 살아 버리는 사람만 압니다. 그렇게 살지 못하는 사람들은 밤낮 탁상공론입니다. 신앙생활을 하다 보면 성장은 반드시 있다고 생각합니다.

반응을 잘하는 사람이 되길

장경철 : 저는 반응을 잘하는 사람이 되자고 말하고 싶습니다. 우리가 다 어려운 문제를 가지고 있지 않습니까? 그런데 안타까운 것은 우리에게는 문제를 해결하거나 주변 환경을 바꿀 능력이 없다는 것입니다. 대신, 가진 능력이 있다면 우리 자신의 반응을 바꿀 수 있다는 것입니다.

하나님 나라에 들어갈 수 있는 사람도 바로 반응이 좋은 사람들입니다. 살다보면 때때로 힘든 일들이 닥칠 텐데 그럴 때 하나님께 잘 여쭤 보고 반응을 잘하는 사람들이 되면 좋겠습니다.